第2版

アクティブラーニングを取り入れた

子どもの発達と音楽表現

幼稚園教諭・保育士養成課程

櫻井琴音・上谷裕子 編著

学 文 社

はじめに

　本書は，保育者養成課程の学生用テキストとして作成したものです。この度の改訂版は，2017（平成29）年に『幼稚園教育要領』『保育所保育指針』および『幼保連携型認定こども園教育・保育要領』が同時に改訂されたことを踏まえ，前身である『子どもの発達と音楽表現』で取り上げた学習内容を再考し，全体的に刷新しました。

　内容については，最初に乳幼児期の子どもの発達と音楽表現に必要な音楽の諸要素を，手あそび・歌あそびを通して理解することを目的として，理論と実践の融合を図っています。次に，「聴く」「歌う」「動く」「奏でる」「つくる」の５つの音楽表現活動の観点から，保育現場における乳幼児期の音楽表現活動を紹介しています。ここでは，保育者に求められる実践力を培うための，アクティブラーニングを中心とした内容となっています。各章ごとに設けられたワークに取り組むことで，学生の皆さんには学習の要点をしっかり理解してほしいと考えています。本書を学ぶ中で時には疑問を持ったり，考え込んだり，友だちと意見交換をすることで，保育者に求められる表現力と実践力を培われることを，心から願っています。

《本テキストの特徴》

- ０歳から小学校就学前までの子どもたちの発達に応じた音楽表現活動の意義とねらいについては，子どもたちの活動の様子を紹介しながら，分かりやすく解説しています。それを踏まえた上で具体的な音楽表現活動の実践と，保育者の援助の方法について段階的に示しています。
- 音楽の諸要素と音楽表現活動の関わりについて理解しやすくするために，様々な教材を通して具体的に解説しています。
- 本書で学習を進めていく中で，「聴く」「歌う」「動く」「奏でる」「つくる」といった音楽表現活動が，互いに深く関連し合っていることを段階的に理解できるように構成されています。
- 学生が主体的に取り組めるように，テキスト全体にワークを組み入れ，グループ活動による学びの機会を多く設けています。

　本書を改訂するにあたり，ご尽力いただきました学文社の田中千津子氏に，深く感謝の意を表します。

2020年9月

編著者　櫻井琴音・上谷裕子

もくじ

第 **1** 章

子どもの発達と表現について考えてみよう！

　　乳幼児は，限られた表現手段しか持っていません。しかし，特定の大人との応答的な関わりを通じて，乳幼児の表現は次第に豊かになっていきます。日々，多くの時間を子どもと共に過ごしている保育者だからこそできる関わりがあります。

　　ここでは，乳幼児の"表現の芽"を大切に育んでいくために不可欠な，保育者の関わり方について考えてみましょう。

　乳幼児期の子どもの発達は著しく，目を見張るものがあります。『幼稚園教育要領』『保育所保育指針』『幼保連携型認定こども園教育・保育要領』に示されている領域表現のねらい及び内容を踏まえた音楽表現活動を実践するためには，子どもの発達に関する理解を深めることが重要です。

1　保育内容　領域「表現」の捉え方

　2017（平成29）年に，『幼稚園教育要領』『保育所保育指針』及び『幼保連携型認定こども園教育・保育要領』が同時に改訂されました。この改訂では，幼児期に育てたい資質・能力として，「知識及び技能の基礎」「思考力，判断力，表現力等の基礎」「学びに向かう力，人間性等」の3つが示されました。また，幼児期の終わりまでに育ってほしい姿として，「健康な心と体」「自立心」「協同性」「道徳性・規範意識の芽生え」「社会生活との関わり」「思考力の芽生え」「自然との関わり・生命尊重」「数量や図形，標識や文字などへの関心・感覚」「言葉による伝え合い」「豊かな感性と表現」という10の視点も示されました。さらに，『保育所保育指針』及び『幼保連携型認定こども園教育・保育要領』には，乳児保育に関わるねらい及び内容として3つの視点が具体的に示され，1歳以上3歳未満児に対しては5領域の観点からの保育に関するねらい及び内容が示されました。これらのことは，0歳から小学校就学前までの様々な年齢の子どもの発達の特性を踏まえながら，乳幼児期における一貫した教育及び保育の連続性を考える際の重要なポイントだといえます。

　領域「表現」の教育目標は，「感じたことや考えたことを自分なりに表現することを通して，豊かな感性や表現する力を養い，創造性を豊かにする」ことです。そのためには，子ども一人ひとりが「自分なりに表現する」ことができるような環境を保障することが大切です。子どもは，自分らしさを出せる自由な環境が保障されることによって，伸び伸びと活動に取り組み，表現することを楽しむことができるのです。子どもの心身の発達を考慮し，環境を整え，子どもたちの表現活動を支えている保育者は，とても重要な役割を担っているといえるでしょう。

　0歳から2歳頃の子どもたちは，感覚の世界で生きています。たとえば，楽器を奏でる時に「どんな音にしようかな」「こうやって音を出したら，どうなるのかな？」などと，あれこれと考えを思いめぐらしながら音を出しているわけではありません。たまたま楽器を見つけた時に，興味があれば手に取って鳴らしてみるのです。ですから，その時に出た音は，まぎれもなく偶然に出た音です。子どもはその偶然を，そのまま受け止めます。偶然による音の積み重ねの中から，子どもは「お気に入りの音」「これはいいなあと思える音」を見つけ出していきます。そうすると，今度はそれを再現することを試みるようになります。音は，一瞬のうちに生まれては消えていくという特性を持っています。ですから，子どもはどのような音が出てくるのか

を，短時間のうちに繰り返し試してみることができるのです。再生したいと思う音を探している時の子どもは，意図的に音を奏でています。この時期の子どもは，既存の音楽に合わせ，拍にのってリズムを奏で続けることはできません。しかし，音と向き合い，意図的に音を奏でているという点においては，3歳以降からの音楽表現活動につながる貴重な体験を重ねているといえるでしょう。

　『保育所保育指針』及び『幼保連携型認定こども園教育・保育要領』に示されている1歳以上3歳未満児の保育内容領域「表現」のねらいは，以下の通りです。

　⑴　身体の諸感覚の経験を豊かにし，様々な感覚を味わう。
　⑵　感じたことや考えたことなどを自分なりに表現しようとする。
　⑶　生活や遊びの様々な体験を通して，イメージや感性が豊かになる。

　ねらいの最初には，「様々な感覚を味わう」と記されています。感覚を味わうためには，安心して身を置いて過ごすことができるような環境が整えられているということが必要となります。安心できる環境が保障されている子どもは，自分の身体を使って試行錯誤を繰り返し，自分の感覚を通して諸々の事象を捉え，学習を重ねていきます。自分の身体を通して得た感覚的な体験は，子どもがイメージの世界を拡げていく時の拠り所になるのです。音楽活動では，音楽を聴く時も，歌ったり，踊ったり，楽器を奏でたりする時にも必ずといっていいほど身体を使います。ですから，この時期の子どもにとって，音楽の諸活動は，感覚を通した体験の場として重要な活動だといえるでしょう。

　3歳以上児を対象とした領域「表現」では，次の3つのねらいが掲げられています。
　⑴　いろいろなものの美しさなどに対する豊かな感性をもつ。
　⑵　感じたことや考えたことを自分なりに表現して楽しむ。
　⑶　生活の中でイメージを豊かにし，様々な表現を楽しむ。

　3歳以上児ともなると，その時々を感覚的に捉えていた時期を過ぎ，自分の体験を通して刻まれた記憶の中の事象を取り扱うことができるようになってきます。感じたことや思ったことを言葉で表現することも上手くなってきますから，子どもは「あれにしようかな」「これもいいなあ」「どっちにしようかな」というように，思考をめぐらすようになります。ですから，この時期の子どもの表現は偶発的なものから意図的なものに変化していきます。
　子どもが表現したいと思っていることは，子どもにとって魅力的で，憧れでもあるのです。したがって，イメージを思い描き，どのように表現しようかと友だちと意見交換をする姿が見

られるようになります。また，自分のイメージに友だちのイメージを重ね合わせながら，共同で表現活動に取り組むこともできるようになっていきます。「どのように歌おうか」「どのように奏でようか」と音楽表現を工夫する時には，声や楽器の使い方を子どもなりに考えます。共同作業を行うにあたっては，言葉によるコミュニケーションが必要になります。ですから子どもたちの言葉の発達は，音楽表現の幅の広がりと密接に関連し合っているといえます。

　０歳から小学校就学前までの乳幼児期における子どもの心身の発達は，とても目覚ましいものがあります。この時期の子どもたちが，「聴く」「歌う」「動く」「奏でる」「つくる」といった音楽表現活動にいきいきと取り組んでいくには，そばで見守り，支え，助言し，一緒に取り組んでくれる保育者の存在がとても重要なのです。

ワーク1

- 写真①の子どもは，カーテンのすそを持って，顔を出したり隠したりしながら保育者の方を見ています。
- 写真②の子どもは，ピアノの鍵盤の上に手を置き，自分の手元をじっと見つめています。
  このような場面における保育者の関わり方について，意見交換をしてみましょう。

写真①

写真②

✿2 表出から表現へ

　きれいな花を目にした時，澄んだ空にかかる虹を見つけた時など，私たちは思わず目を見開きながら「ワア〜」という声を出すことがあります。きっと皆さんにも，これに似た経験があることでしょう。大人と同じように，子どもたちも何か美しいものを見つけた時には，「ワア〜」と声を出したり，のぞき込んだりすることがあります。このような声やしぐさは，見た瞬間に「思わず表れ出た」ものです。このように無自覚，無意図のうちに表れ出たのを「表出」といいます。一方，自分で自覚し，自分の内側にある感情や思いを，何らかの手段を使って，他者へ伝えようという意図を持って外に表す行為のことを「表現」といいます。このように「表出」と「表現」は，区別されます。しかし，乳幼児期の子どもと関わる時に，どれが表出でどれが表現なのかを区別しながら捉えていくことは，さほど意味があることとはいえません。「表出」と「表現」を区別して捉えようとすることよりも，むしろ表出が表現に変わっていく過程に目を向けることの方が重要なのです。

　乳児は，よく泣きますし，手や足を動かしたりもします。しかし何かを表そうとして，そうしているわけではありません。「思わず表れ出る」のです。意図も自覚も明確ではありませんから，これらは先ほど述べた「表出」にあたります。

　ベッドの上で泣きながら手足をパタパタ動かしている乳児を見たら，保育者は「あら○○ちゃん，どうしたの？」などと乳児に声をかけます。そして保育者がそっと抱き上げると，乳児は手足を一層大きくパタパタ動かしたりします。このように周囲の大人との関わりの中で，乳児は自分の欲求を表現する手段として，泣き声や手足の動きを用いるようになっていくのです。乳児は泣く，笑う，手足を動かすといった限られた表現手段しか持ち合わせていませんが，次第にバリエーションが生まれてきます。ということは，表現手段の幅が拡がってきているということを意味します。この過程で重要なのは，乳児の表現を受け止め，応えてくれる身近な大人の存在です。無意図，無自覚だった「表出」が，意図的・自覚的な「表現」へと変わっていく過程には，身近な大人からの応答が不可欠なのです。つまり，「表れ出た」ことに意味を認め，それを受け止め，すぐさま応答してくれる大人が身近に存在していることによって，乳児の行為は次第に表現性を帯びていくことができるのです。こういった日常生活の中での体験を繰り返すことによって，乳児は，泣き方や手足の動かし方などによって自分の欲求を相手に伝えることができるということを学習していきます。つまり泣き声や手足の動きが，乳児の表現手段となって，幼児期の表現へと繋っていくのです。

ワーク2

・2枚の写真を見くらべて，気が付いたことを述べ合ってみましょう。

❋ 3 音楽表現活動における保育者の役割

⑴ 環境構成に関する配慮

　保育現場では，音楽表現，身体表現，造形表現などの様々な表現活動が実践されています。その際に重要なのは，子どもが表現を楽しめるような環境を構成することです。この点は，音楽表現活動だけでなく，すべての活動に共通していえることです。子どもは興味や関心のある活動に対しては，とても積極的に取り組んでいきます。ですから，保育者は子どもが表現してみたいと思うような活動に出合える機会を用意し，そのための環境を整える必要があります。

　保育現場における音楽表現活動の多くは，保育者のピアノ伴奏に合わせて歌ったり，皆で楽器を奏でたりといった，いわゆる一斉で行う活動が主流です。保育者が子どもたちと取り組んでみたいと思う音楽表現活動の内容と，子どもがやってみたいと思っていることの両方が上手く合致すると，子どもたちは意欲的に取り組みます。しかし，保育者の思いと子どもの思いがすれ違ってしまうと，子どもの活動意欲はとたんに低くなってしまいます。このような中では，子どもの生き生きとした表現は生れなくなってしまいます。音楽表現活動を実践する時には，この点の兼ね合いを慎重に検討する必要があります。活動での体験を通して達成感を得ることができれば，子どもたちは，さらに次の活動へ発展させていこうと動き出します。保育者は子どものやる気を大切にしながら，子どもの戸惑いやつまずきを的確に捉え，タイミングよく助言するなどして支えてやることが必要です。とはいえ，子どもがやりたがっている活動だけを

行うというのは，教育ではありません。子どものやる気を大切にしながらも，保育者は教育的配慮のもと，活動のねらいと内容を踏まえながら教材研究を行い，言葉がけや提示方法などの保育者自身の関わり方も熟考し，音楽表現活動のための物的環境，人的環境の双方を整えましょう。

　子どもは保育者の表現を模倣することによって，様々なことを学習していきます。ですから，子どもの表現を育んでいくうえで，人的環境としての保育者の存在はとても重要です。子どもの様子を見ていると，思うように表現できずに戸惑った表情や仕草をしていることがあります。そのような時こそ，保育者の存在が重要な鍵となります。また，たて続けに声をかけていくのではなく，時には子どもを見守りながら，そっと「待つ」という時間も必要です。

(2)　前音楽への理解と保育者の関わり

　前音楽とは，文字通り，音楽としての形式が整う前段階の音楽のことを指します。子どもは，ある日を境に，急に歌い始めるわけではありません。言葉を獲得する前の前言語期の乳児は，保育者が歌うと，じっと保育者を見つめながら聴き入っています。言葉を発する前段階ですから，乳児は，まだ保育者と一緒に歌うことはありません。しかし，保育者との密な関わりを通して，乳児は保育者の歌声に重ねて抑揚のある声を「ア〜ア〜」と発するようになります。乳児が発している声には歌詞が伴っていないため，歌っているとは思えないかもしれません。しかし，その声を注意深く聴いてみましょう。保育者を見つめながら，保育者の声と重ね合わせるように発している乳児の声には抑揚がついていて，声の伸びやかさもあります。呼吸や息づかいも，明らかに違っています。歌詞を口ずさむ前段階の彼らの声が，このような形で出現しているということに気付くはずです。このような乳児の声を受け止め，乳児が発する声を使った関わりを工夫してみましょう。乳児の声を聴き，保育者がその声をまねして発したり，乳児の声に少し抑揚を付けて変化させた声を返してみたりすると，乳児はじっと聴き入ります。次第に乳児は保育者の声に応答し始め，声の中にバリエーションが生まれてきます。声の応答に目を向けると，音楽としての形式が整う前段階の声での応答の中にも，音楽的な子どもの表現の世界が広がっているということを感じ取ることができるでしょう。

　このような前音楽は，声だけでなく音にも現れます。たとえば，自分の手でテーブルを叩いて音が出ると，乳児は保育者の方を見ながら自慢げに微笑むことがあります。保育者がテーブルを軽くトントトトンと叩いて音を返すと，乳児はさらに音を返してきたりします。乳児にとって，声や音を媒介にして保育者との「やり—とり」を楽しむことは，音楽表現活動の一つと位置付けることができるのです。

　保育者自身が，メロディやリズム等が整った既存の曲だけを音楽として捉えていると，上記のような言語を発する前段階の子どもの音楽表現を見逃がしかねません。子どもから生まれ出

る声や音といった前音楽に保育者の方から歩み寄り，寄り添い，応答し，子どもと共有し合うという関わりが重要です。そのためには，まず，保育者自身が声や音を発するというプリミティブな音楽活動を体験し，その心地よさや楽しさを味わってみるとよいでしょう。

　このような前音楽を糸口にした乳児の音楽表現活動は，歌を歌ったり楽器を奏でたりといったその後の様々な音楽表現活動へと繋がっています。保育現場の音楽表現活動には，既存の曲を用いる表現活動だけでなく，このような前音楽の世界もあるのです。

⑶　子どもの音楽表現の読み取り

　子どもの音楽表現を読み取るということは，子どもが歌ったり奏でたりしている様子を見て，楽しそうにしているとか，逆に，つまらなさそうな表情をしているというような表面的な子どもの姿を捉えるということではありません。ましてや音楽表現活動の最後に，「今日の音楽が楽しかった人～」という保育者の問に，「は～い」と答えさせることでもありません。

　幼児がどのようなイメージを思い描いているのか，どのようにしてそれを表現しようと試みているのかといった，表現の中身を読み取ることが重要です。「もっとやっていたい」「またやってみたい」という思いを持つと，子どもは次の表現へと向かって動き出していきます。使う曲の再現ありきの活動ではなく，「どのように歌おうかな」「この曲に合わせて，どのように楽器を奏でてみようかな」「どんなふうに動こうかな」などと，子どもが曲のイメージを思い描くことを楽しんでいるのか，楽器の音と向き合っているのか，どんな面白さを味わっているのかといった，音楽に向き合っている子どもの内面を育てるための読み取りに目を向けることが重要です。

　本来，子どもにとって音楽活動は，とても楽しい活動なのです。楽しいからこそ，子どもは夢中になって取り組んでいくのです。しかし，保育者が音楽表現技術の習得の方に目を向けていると，子どもは表現することの楽しさに気付きにくくなってしまいます。保育者の援助として最も大切なことは，保育者自身が心から表現することを楽しんで，やって見せることです。保育者が楽しそうに歌ったり，踊ったりしている姿は，他の何よりも子どもの心を強く引きつけます。保育者は，日々，多くの時間を子どもと共に過ごしています。子どもの中にある「表現の芽」を豊かに育てていくうえで，人的環境としての保育者の存在は極めて重要であり，不可欠なのです。

　子どもたちは，保育者が用意した環境の中で生きているのだということを，保育者はしっかりと心に刻み込んでおく必要があります。

📖 **参考文献**

松井紀和『音楽療法の実際』牧野出版，1995年
保育音楽研究プロジェクト編『青井みかんと一緒に考える幼児の音楽表現』大学図書出版，2008年
文部科学省『幼稚園教育要領』2017年
厚生労働省『保育所保育指針』2017年
内閣府・文部科学省・厚生労働省『幼保連携型認定こども園教育・保育要領』2017年
堂本真実子編著『保育内容 領域　表現―日々わくわくを生きる子どもの表現―』わかば社，2018年

第2章
音楽の要素と音楽表現について考えてみよう！

　　子どもの音楽表現の方法は大きく分けると，聴く，歌う，奏でる，動く，つくるといった活動に分類されます。子どもの音楽表現活動を行うにあたっては，保育者がそれぞれの音楽の要素を理解し，遊びの中に自然な形で取り入れることで豊かな表現が生まれます。

　　ここでは，それぞれの表現活動に共通する音楽の要素やコミュニケーションツールとしての音楽について，下記にあげた5つの視点から，手あそび・歌あそびをとおして感覚的に体験してみましょう。

　　　1　呼吸と拍（ビート）

　　　2　テンポと強弱

　　　3　拍子とリズム（リズムパターン，フレーズ）

　　　4　形式とニュアンス

　　　5　コミュニケーション

1 呼吸と拍（ビート）

　音楽表現の基本は呼吸と拍（ビート）にあり，一定の呼吸やビートを感じることで音楽への理解が深まり，音楽による心地よさを感じることができます。手あそび・歌あそびなどの音楽を介したコミュニケーションでは，ビートの共有は欠かせない要素です。

❋ 呼吸を感じる

・床に寝て仰向けになり，リラックスした状態で自分の呼吸を感じてみましょう。

・揺れる→「ストップ」の合図で止まる→「ハイ」の合図で再び揺れてみましょう。

❋ ビートを感じる

・自分のテンポ（脈拍に合わせて）で自由に歩いてみましょう。

・自分のテンポよりも速く歩いたり，自分のテンポよりも遅く歩いたりしてみましょう。

ワーク1

・音楽に合わせて手をたたきましょう。

・ビートを感じたら「ハイ」などの合図をして，時々手をたたかない部分を加えてみましょう。

（参考曲：♪『シンコペイティッドクロック』／ルロイ・アンダーソン作曲）

❋ 2 テンポと強弱

　物の大小・量感・質感や，空間把握などの物理的な表現をするときに関連する要素です。これらの要素は乳幼児期の発達に合わせて，手あそび・歌あそびの中では数多く取り入れられています。

❋ テンポを感じる

・1〜5までの数を数えて，5の時に手をたたく。テンポや強弱に変化をつける。

・5〜6人のグループで手をつなぎ輪になって，5の時にそれぞれ自由な方向に跳ぶ。

じゃんけん列車

作詞者不詳
アメリカ民謡

アルプス一万尺

作詞者不詳
アメリカ民謡

1．手拍子を1回し，お互いの右手を合わせる

2．手拍子を1回し，お互いの左手を合わせる

3．手拍子を1回し，お互いの両手を合わせる

4．手拍子を1回し，指を組み合わせたお互いの手のひらを合わせる

5．手拍子を2回する

6．右手を垂直に曲げ，右手のひじを左手で支える

7．左手を垂直に曲げ，左手のひじを右手で支える

8．両手を腰にあてる

9．左手をまっすぐ伸ばし，右手で支え，相手とはしごを作る

10．1〜9の動作をする

11．1〜9の動作を2回繰り返す

ワーク2

・ビートを意識して，「アルプス一万尺」をいろんな速さで遊んでみましょう。

❋ **強弱を感じる**

みんなでみっつ

作詞：福尾　　野歩
作曲：才谷　梅太郎

1.	おお	き	く みっ	つ	パン	パン	パン	ちい	さ	く みっ つ	パン パン パン

1. おお　き　く みっ　つ　パン　パン　パン　ちい　さ　く みっ　つ　パン　パン　パン
2. あし　ぶ　く みっ　つ　ドン　ドン　ドン　ちい　さ　く みっ　つ　ドン　ドン　ドン
3. ひ　ざ　を みっ　つ　コン　コン　コン　ちい　さ　く みっ　つ　コン　コン　コン
4. ひか　た　を みっ　つ　トン　トン　トン　ちい　さ　く みっ　つ　トン　トン　トン
5. は　じ　め　か　つら　○　○　○　ちい　さ　く みっ　つ　○　○　○

1〜5. す　て　き　な お　と　き こえ て く る　み ん な で みっ つ

パン パン パン
ドン ドン ドン
コン コン コン
トン トン トン
○　○　○

保育者の言った動作をみんなでやってみます。
「おおきく」といったら大きな音で！
「ちいさく」といったら小さな音で！

おおきくみっつ
パンパンパン

ちいさくみっつ
パンパンパン

すてきなおとが
きこえてくる
みんなでみっつ
パンパンパン

〔1番〕は手拍子

〔2番〕はあしぶみ

〔3番〕は
ひざをたたく

〔4番〕は
肩をたたく

〔5番〕○○○は1番から4番の動作を始めからする

ワーク3

・強弱を意識して，「みんなでみっつ」の替え歌をつくって遊んでみましょう。

例：（泣き声）

　　おおきなこえで　　　　エンエンエン　　　　ちいさなこえで　　　　シクシクシク
　　いろんななきごえ　　きこえてくる　　　　みんなでないたら　　　エンエンエ〜ン
　　（笑い声）
　　おおきなこえで　　　　ワッハッハ　　　　　ちいさなこえで　　　　ウッフッフ
　　いろんなわらいごえ　きこえてくる　　　　みんなでわらったら　ウハハハハ

3 拍子とリズム（リズムパターン，フレーズ）

　ビートに一定のアクセントを付けると拍子が生まれます。そして拍子の中に，リズムやリズムパターンが加わり，フレーズを感じることで，音楽による文章のようなものができます。

❋ 拍子を感じる

2拍子：トン・パチン｜トン・パチン｜トン・パチン｜トン・パチン‖

トン　　　　　　　　　パチン

2人組になって　1 　2

3拍子：トン・右・左｜トン・右・左｜トン・右・左｜トン・右・左‖

トン　　　　　右手　　　　　左手

1 　2 　3

4拍子：トン・右・左・パチン｜トン・右・左・パチン‖

トン　　　右手　　　左手　　　パチン

1 　2 　3 　4

5拍子：トン・右・左・トン・パチン｜トン・右・左・トン・パチン‖

トン　　　右手　　　左手　　　トン　　　パチン

1 　2 　3 　4 　5

ワーク4

・「ちょうちょう」の歌を，いろんな拍子をとりながら歌ってみましょう。

にんにんにんじゃ

作詞：井戸　和秀
作曲：井戸　和秀

1．忍者のポーズをする

2．忍び足で足音を立てないで歩く

3．歩幅を小さく，速く

4．すばやく走る

5．3を繰り返す
6．4，3を繰り返す

7．音をたてずに両足とび

8．音をたてずに片足ケンケン

9．ゆっくり歩く

ワーク5

・音符の関係を意識して，「にんにんにんじゃ」の歌に合わせて動いてみましょう。

　音符の関係（4分音符・2分音符・8分音符・16分音符）

- リズムパターン，フレーズを感じる

  リズムパターンは，異なるリズムの小さなモチーフです。

  例：ことばのリズムを使ったリズムパターン

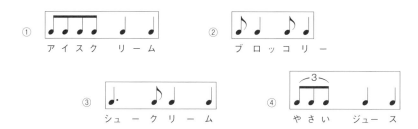

| ① アイスク　リーム | ② ブロッコリー |
| ③ シュークリーム | ④ やさい　ジュース |

ワーク6

- ことばのリズムを使ってアンサンブルを楽しみましょう。

4 形式とニュアンス

　いくつかのフレーズが組み合わさって，形式ができます。それは音楽による物語のようなものです。ニュアンスは感情や感覚的なものを伝えることができ，1〜3の要素に心を加えることで音楽に表情を生み出します。

形式を感じる

- 「ぶんぶんぶん」は，A−B−Aで構成された3部形式です。

  歌いながら，お話をつくって動いてみよう。

A「ぶんぶんぶん　はちがとぶ」　　B「おいけのまわりで　のばらがさいたよ」　　A「ぶんぶんぶん　はちがとぶ」

小走りでハチが飛んでくる　　誰かと手をつないでまわる　　小走りでハチが飛んでいく

❋ ニュアンスを感じる

【緊張】　　かたい

ピーン

【弛緩】　　やわらかい

ぶらーん

ワーク7

・思いついたニュアンスを書き出してみましょう。

・書き出したニュアンスを，線や身体で表現してみましょう。

「強い・弱い」「速い・遅い」「重い・軽い」「固い・柔らかい」etc.

5　コミュニケーション

　言葉によるコミュニケーションがむずかしい乳幼児にとって，音楽は大切なコミュニケーションの手段となります。たとえば，0〜3歳未満児の場合は，わらべ歌やスキンシップを伴う歌あそび，おおむね3歳児からは歌あそび・手あそびをとおして大人とのコミュニケーションはもとより，子ども同士のコミュニケーションにも欠かせないツールといっても過言ではありません。ここでは，コミュニケーションの基本である「あいさつ」に焦点をあてた歌あそびを紹介します。

あたまであくしゅ

作詞：福尾　野歩
作曲：中川　ひろたか

は　じ　め　ま　し　て　　ご　き　げ　ん　い　か　が　　あ　た　ま　で　あ　く　しゅ　を　ギュッ　ギュッ　ギュッ

ちょっ　と　そ　こ　ま　で　　あ　る　き　ま　せ　ん　か　　ご　き　げ　ん　よ　ろ　しゅう　バイ　バイ　バイ

はじめまして

1．2人でおじぎをする

ごきげんいかが

2．肩をたたきあったり，あくしゅをしたりする

あたまであくしゅを
ギュッギュッギュッ

3．頭をくっつける

ちょっとそこまで
あるきませんか

4．そのまま頭が
離れないように
して歩く

ごきげんよろしゅう
バイバイバイ

5．2人手をふってわかれる

トントンパチパチ

作詞：阿部　直美
作曲：阿部　直美

〔1番〕

1. 向き合って，自分のひ
ざを2回こぶし打ちし
ます

トントン

2. 向き合った相手と，
両手を2回手合せし
ます

パチパチ

おめめです

3. 人さし指で自分の
目を指します

おくちです

4. 「おくちです」で
口を指します

おみみです

5. 両手で耳をつかみ
ます

あたまです

6. 両手で頭を押さえ
ます

〔2番〕　「トントン　パチパチ」は1，2と同じ
（以下，同様です）

うさぎさん

両手でうさぎの耳
をつくります

ことりさん

小鳥のくちばしを
つくります

きつねさん

両目を
つり上げます

たぬきさん

おなかをたたく
しぐさを行います

〔3番〕

こんにちは

おじぎをします

あくしゅです

握手をします

さようなら

おじぎをします

またあした

バイバイをします
これを最後に繰り返します

あくしゅでこんにちは

作詞：まど・みちお
作曲：渡辺　茂

1. てくてく　てくてく　あるいて　きて　　あ　　く　　しゅ　　で
2. もにゃもにゃ　もにゃもにゃ　おはなし　して　　あ　　く　　しゅ　　で

こんにちは　　は　　　ごきげん　い　かが　がた　　―
さようなら　　ら　　　またまた　あ　し　がた　　―

〔1番〕

てくてくてくてく
あるいてきて

1　みんなバラバラに歩く

あくしゅで

2　友だちを見つけて
　あくしゅする

こんにちは

3　あくしゅした友だちの目
　を見てあいさつする

ごきげんいかが

4　お互いの肩に手をあて
　て首を左右にふる

〔2番〕

もにゃもにゃもにゃもにゃ
おはなしして

5　二人で歩く

あくしゅで

6　あくしゅする

さようなら

7　手をふる

またまたあした

8　おじぎする

ワーク8

・いろいろな手あそび・歌あそびを組み合わせて，ストーリー性のある表現遊びに挑戦してみましょう。

例：4歳児を対象としたプログラム　　　※（　）内は，音楽の要素を示す。

今日はとってもいいお天気なので，お弁当をつくってちょっと遠くまで遊びに行きましょう。

① まずはみんなでお弁当作り（ビート）

「これっくらいの，おべんとばこに」

「おべんとうはできたかな？」などと言いながら，ビートにあわせておにぎりを握る。

② 「では，電車に乗ってしゅっぱーつ！」（テンポ）

「じゃんけん列車」

電車はゆっくりからだんだん速くなって走りはじめます。

今度は新幹線だ！

途中，上り坂になってゆっくりゆっくり進んで，広い野原に着きました。

風がとっても気持ちいいので，みんなでひと休みすることにしました。

静かな音楽 を流して，寝ころぶ。（静と動）

③ みんなが気持ちよく寝ていると，ちょうちょうがやってきて，ダンスを始めます。（拍子）

「ちょうちょう」 を使って，いろんな拍子の感覚を身につける。

④ ミツバチもやってきて，ダンスを始めます。（形式とフレーズ）

「ぶんぶんぶん」

ちょうちょうのダンスが楽しそうだったので，みんなも一緒に踊ることにしました。

「はたけのポルカ」 に，フォークダンス風の振付を考える。

⑤ 考えたダンスをいろんな友だちと仲良く踊る。（コミュニケーション）

📖 **参考文献**

阿部直美編著『指あそび手あそび100』チャイルド本社，2000年
阿部直美『0～5歳児の手あそび歌あそび』ひかりのくに，1984年
神原雅之編著『幼児音楽教育要論』開成出版，2015年
神原雅之監修『1～5歳のかんたんリトミック』ナツメ社，2013年
福尾野歩作・監修『あそびうた大全集』クレヨンハウス，1991年
小林美実編『続こどものうた200』チャイルド本社，1996年

第 3 章
子どもの発達と音楽表現について考えてみよう！

　　子どもは遊びの中から様々なことを学びます。よって子どもの遊びは，発達過程に即した環境構成やことばがけがとても重要な要素となります。
　　ここでは，保育所保育指針に示された子どもの発達過程を基に，それぞれの発達の様子に合った手あそび・歌あそびの紹介をします。

1　おおむね６ヵ月未満児の発達と手あそび・歌あそび
2　おおむね６ヵ月〜２歳児の発達と手あそび・歌あそび
3　おおむね３〜４歳児の発達と手あそび・歌あそび
4　おおむね５〜６歳児の発達と手あそび・歌あそび
5　発達過程に応じた遊びの展開

1 おおむね6ヵ月未満児の発達と手あそび・歌あそび

 おおむね6ヵ月未満児の発達の様子

　誕生後，母体内から下界への急激な環境の変化に適応し，著しい発達が見られる。首がすわり，手足の動きが活発になり，その後，寝返り，腹ばいなど全身の動きが活発になる。視覚，聴覚などの感覚の発達はめざましく，泣く，笑うなどの表情の変化や体の動き，喃語などで自分の欲求を表現し，これに応答的に関わる特定の大人との間に情緒的な絆が形成される。（平成20年告示『保育所保育指針』より）

表3－1　子どもの発達表（0～6ヵ月未満）

	0～2ヵ月	3ヵ月	4ヵ月	5ヵ月
生活習慣	・生後4週間未満の新生児は昼夜を問わず，1日16時間前後眠っている。		・昼夜を区別して，夜によく眠るようになる。	
身体的発達	・あおむけで左右非対称な姿勢で寝ている。	・首がすわり始める。	・手と手，足と足をあわせることができるようになる。	・うつ伏せの状態で，手のひらで体を支えることができる。
手指の操作の発達	・5秒程度，物を持つことができる。	・持っているものを取り上げようとすると，少し抵抗する。	・手に持ったものを振ったり，口に入れたりする。	・手を伸ばして，自発的に何かをつかもうとする。
認識の発達	・点としての追視ができる。	・線としての追視ができる。 ・母親を目で追う。	・面としての追視ができる。	・全方向への追視ができる。
ことばの発達		・喃語期に入り，クーイングが始まる。		
自我の発達（社会性）	・微笑みの表情がみられる。	・あやすと微笑み返す。	・自分から誰かに向けて微笑みかける。	・親しい人には笑いかけるが，知らない人はじっと見つめる。
音楽的発達	・人の声の判別ができる。 ・泣き声が規則的なリズムから，長短や強弱のリズムがつくようになる。	・快，不快な音の区別ができる。 ・音が出るおもちゃを握って楽しむ。	・音の出るおもちゃを，意識的に触ったりつかんだりする。	・喃語の発声も豊かになり，メロディックで柔らかい声をだす。

❖　おおむね6ヵ月未満児の手あそび・歌あそび

かわいいあたま

作詞：阿部　直美
作曲：阿部　直美

わたしの　あたま　かわいい　あたま

①手びょうしを
4回打つ

②片手で頭を
3回さわる

③両手で頭を
3回さわる

④手びょうしを
4回打つ

「2番」-「5番」は1番に準じて遊ぶ

2．わたしの　おめめ
　　かわいい　おめめ

3．わたしの　おくち
　　かわいい　おくち

4．わたしの　おなか
　　かわいい　おなか

5．わたしの　おしり
　　かわいい　おしり

おひざをまげましょう

作詞：佐倉　智子
作曲：おざわ・たつゆき

おひざを　まげましょう　ねっ　ねっ　○　○　ちゃん

のばして　トン　トン　もう　いちど

赤ちゃんの足をもって，話しかけるように歌いながら，
身体を動かしてあげましょう。
スキンシップを大切に心をかよわせましょう。

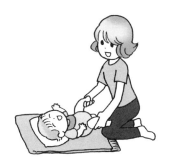

2 おおむね6ヵ月～2歳児の発達と手あそび・歌あそび

❋ おおむね6ヵ月～1歳3ヵ月児の発達の様子

　　　座る，はう，立つ，つたい歩きといった運動機能が発達すること，及び腕や手足を意図的に動かせるようになることにより，周囲の人や物に興味を示し，探索活動が活発になる。特定の大人との応答的な関わりにより，情緒的な絆が深まり，あやしてもらうと喜ぶなどやり取りが盛んになる一方で，人見知りをするようになる。また，身近な大人との関係の中で，自分の意思や欲求を身振りなどで伝えようとし，大人から自分に向けられた気持ちや簡単な言葉が分かるようになる。食事は，離乳食から幼児食へ徐々に移行する。（平成20年告示『保育所保育指針』より）

表3-2　子どもの発達表（6ヵ月～1歳3ヵ月未満）

	6ヵ月	7ヵ月～8ヵ月	9ヵ月	10ヵ月	11ヵ月	1歳～1歳3ヵ月未満
生活習慣		・1日の睡眠時間は14時間程度。	・午前と午後に1回ずつ午睡するようになる。			
身体的発達	・寝返りがうてる。	・おすわりができる。	・四つんばいでの移動，つかまり立ち，伝い歩きができる。		・ひとりで立てる。	・歩行が始まる。
手指の操作の発達		・一度手に持ったものを，自分から離すことが難しい。	・両手にそれぞれのものを持ち，自分から離すことができる。	・親指と人差し指で物をつかめる。	・手でつかんだものを誰かに渡すことができる。	・積み木を2個程度重ねることができる。
認識の発達	・2つのものを見比べることができる。	・指を指した方向を見ることができる。 ・手を伸ばして抱っこを求める。	・指をさして要求をする。	・両手を合わせるなどの簡単な身振りを模倣する。	・犬を指さしてワンワンなどと言い，一定の事物と音声が結びつく。	
ことばの発達			・2音の反復的音声を発する。	・初めて「マンマ」など，意味のある言葉を発する。		・簡単な言葉による指示を理解する。
自我の発達（社会性）	・知らない人に背を向けたり，振り返ったりを繰り返す。	・知らない人の顔を，わざわざ見て泣く。	・人の表情を読み取ることができる。	・ものを媒体としたコミュニケーションができる。 ・名前を呼ぶと手をあげる。 ・鏡に映った自分が分かる。	・かわいがるという感情が芽生える。	・「ダメ」と言われると激しく抵抗するが，あきらめも早い。
音楽的発達	・音楽を聴き，からだを揺ってリズミカルな反応をする。	・言葉のリズムや抑揚などを感じ取る。	・人の声に同調して声を出す。	・つかまり立ちをしながら，リズミカルに体を動かす。	・音楽は有効なコミュニケーションツールとなる。	・音楽を聴いて，踊るようなしぐさをする。

❀ おおむね1歳3ヵ月～2歳児の発達の様子

　　歩き始め，手を使い，言葉を話すようになることにより，身近な人や身の回りの物に自発的に働きかけていく。歩く，押す，つまむ，めくるなど様々な運動機能の発達や新しい行動の獲得により，環境に働きかける意欲を一層高める。その中で，物をやり取りしたり，取り合ったりする姿が見られるとともに，玩具等を実物に見立てるなどの象徴機能が発達し，人や物とのかかわりが強まる。また，大人の言うことが分かるようになり，自分の意思を親しい大人に伝えたいという欲求が高まる。指差し，身振り，片言などを盛んに使うようになり二語文を話し始める。（平成20年告示『保育所保育指針』より）

表3－3　子どもの発達表（1歳3ヵ月～3歳未満）

	1歳3ヵ月～ 1歳6ヵ月未満	1歳6ヵ月～ 2歳未満	2歳～2歳 6ヵ月未満	2歳6ヵ月～ 3歳未満
生 活 習 慣	・午睡が午後の1回になる。 ・衣服の着脱を自分でしようとする。		・排泄の予告をする。 ・座ってズボンの着脱をする。 ・上着の着脱をする。	・靴が履ける。
身 体 的 発 達	・両足とびができるようになる。	・低い段差からの飛び降りに挑戦する。 ・不安定ながら走ることができる。	・速い⇔遅い，高い⇔低いなどの動きの調整ができる。	・背伸び，片足立ち，開脚などの姿勢ができる。 ・三輪車を足でけって乗る。
手指の操作の発達	・スプーンやコップを使える。 ・道具を使った砂遊びができる。	・ぐるぐると○を描く。	・縦線や横線を見ながら描ける。 ・指先のコントロールができる。	・クロス（＋）やマル（○）が描ける。 ・二つ折りや四つ折りができる。
認 識 の 発 達	・指をさしてきかれたものを答える。	・顔の部位を理解し指をさして答える。	・作ったものを何かに見立てる。 ・二次元的な認識（大小，長短，多少など）を獲得する。	
こ と ば の 発 達	・「マンマ」や「ワンワン」などと指をさして言う。	・「ニャンニャン」，「ワンワン」などを区別して表現する。	・二語文を話すようになる。	・「なんで？」を多くいうようになる。 ・名前，性別，年齢が言える。
自 我 の 発 達 （ 社 会 性 ）		・場面や気持ちの切り替えができ始める。	・認めてほしいという気持ちが強まる。 ・気に入ったものなどを独占しようとする。	・物を同等に分けることができる。
音 楽 的 発 達	・ハミングや歌の一節を模倣したりする。		・旋律的な音を聴く力が出始める。 ・うたいながら動作をつけ表現する	

❋ おおむね2歳児の発達の様子

　歩く，走る，跳ぶなどの基本的な運動機能や，指先の機能が発達する。それに伴い，食事，衣類の着脱など身の回りのことを自分でしようとする。また，排せつの自立のための身体的機能も整ってくる。発声が明瞭になり，語彙も著しく増加し，自分の意思や欲求を言葉で表出できるようになる。行動範囲が広がり，探索活動が盛んになる中，自我の育ちの表れとして，強く自己主張する姿が見られる。盛んに模倣し，物事の間の共通性を見いだすことができるようになるとともに，象徴機能の発達により，大人と一緒に簡単なごっこ遊びを楽しむようになる。(平成20年告示『保育所保育指針』より)。

おひざのおうま

作詞：浅野　ななみ
作曲：おざわ・たつゆき

おう　まさん　の　お　さんぽ　パ　カ　ポ　コ　ポン

おう　まさん　の　か　けっ　こ　パッ　カポッ　コ　ポン

おう　まさん　の　お　ひる　ね　パカ　ポコ　グー

1．保育者は両足をのばして，
　　子どもをひざの上に乗せます

2．おうまさんのおさんぽ　パカポコポン
　　おうまさんのかけっこ　パッカポッコポン
　　おうまさんのおひるね　パカポコ
　　までは歌いながら，ひざを軽く上下に動かします

3．グーで，子どもを抱きしめて，
　　保育者は目を閉じ，眠ったふりをします

❖ おおむね1歳3ヵ月〜2歳の手あそび・歌あそび

おててをたたきましょう

作詞：清水　たみ子
作曲：阿部　直美

おててを
たたきましょう
1. 保育者は子どもの手を後方から持って軽く振ります

みんなで
パンパンパン
なかよく
シャンシャンシャン
2. 曲に合わせて手拍子をします

おじょうず
おじょうず
3. 子どもの頭をなでます

パチパチパチ
4. 子どものほほを軽く3回さわります

元気モリモリ

作詞：佐倉　智子
作曲：おざわ・たつゆき

1. げんき げんき
モリモリモリ
ガッツポーズをして,腕を3回上下させます

2. おおきく
モーリモリ
より大きくガッツポーズをします

3. もっと おおきく
モーリモリ
より大きくガッツポーズをします

4. ちいさく
モリモリモリ
小さくなってガッツポーズをします

❖ おおむね２歳児の手あそび・歌あそび

小さいかめさん

作詞：佐倉　智子
作曲：おざわ・たつゆき

おてて　パタパタ　あんよ　パタパタ　おくびを　ニュー
こんにちは　ちいさい　かめさん

おててパタパタ

１．腹ばいになり，
　　手を上下に動かします

あんよパタパタ

２．足を上下に動かします

おくびをニュー

３．手で上体をあげて
　　背中をそらします

こんにちは♪
　　　ちいさい　かめさん♪

４．３．の姿勢のままで首だけを下げて
　　３回おじぎをします
　　これを繰り返して遊びます

ペンギンさんの山のぼり

作詞：阿部　直美
作曲：阿部　直美

1. ペンギン　さんが
2. しろくま　さんが　こおりの　おやまを　のぼります
ト　コトット　トコトット
ド　コドンドン　ドコドンドン　スーッとすべって　いいきもち

〔1番〕ペンギンさんが
　　　こおりの　おやまを
　　　のぼります

１．保育者と子どもは，向き合う
　　保育者は，子どもの右手を持ち
　　曲にあわせて，手の甲をたたく

トコトコトコトコトット
トコトット

２．保育者は２本の指で，
　　子どもの腕を下から上に進む

スーッとすべっていいきもち

３．子どもの肩から，保育者は
　　人さし指で，腕をスーッと
　　なでおろす
　　「いいきもち」で１．と同じ
　　しぐさ

〔2番〕1番に準じて遊ぶ。
ただし，今度は子どもの手を左手にかえて，
"ドコドンドンドコドンドン" はこぶ
しで腕をのぼり，"スーッとすべって"
は，こぶしで肩からおりる

3　おおむね3〜4歳児の発達と手あそび・歌あそび

❁ おおむね3歳児の発達の様子

　　基本的な運動機能が伸び，それに伴い，食事，排せつ，衣類の着脱などもほぼ自立できるようになる。話し言葉の基礎ができて，盛んに質問するなど知的興味や関心が高まる。自我がよりはっきりしてくるとともに，友達とのかかわりが多くなるが，実際には，同じ場所で同じような遊びをそれぞれが楽しんでいる平行あそびであることが多い。大人の行動や日常生活において経験したことをごっこ遊びに取り入れたり，象徴機能や観察力を発揮して，遊びの内容に発展性が見られるようになる。予想や意図，期待を持って行動できるようになる。（平成20年告示『保育所保育指針』より）。

表3-4　子どもの発達表（3〜5歳未満）

	3歳〜3歳 6ヵ月未満	3歳6ヵ月〜 4歳未満	4歳〜4歳 6ヵ月未満	4歳6ヵ月〜 5歳未満
生活習慣	・ボタンやホックをとめることができる。		・排泄の自立。 ・一人で衣服の着脱ができるようになる。	
身体的発達	・安定した走りができる。	・ケンケンやギャロップができる。 ・三輪車をこいで乗れる。	・スキップができ始める。 ・縄跳びに挑戦し始める。	・走りながら縄跳びができる。
手指の操作の発達	・手のひらの交互開閉ができる。	・はさみで形を切ることに挑戦し始める。 ・人間を頭と足を描いて表現する。	・スキップができ始める。 ・四角（□）が描ける。 ・両手の機能の分化が進む。	・人間を頭と胴体と足を描いて表現する。
認識の発達	・数の選択や復唱は「3」まで可能になり，「4」に挑戦し始める。		・「4」までの復唱ができる。	・「10」までの復唱ができ，概括，選択も可能となる。
ことばの発達	・語彙数が1000語くらいになる。 ・自分が経験したことを，言葉で伝えることができる。		・語彙数が1500語くらいになる。 ・乱暴な言葉や汚い言葉を好んで使う。	・接続詞を用いて複文で話すようになる。
自我の発達 （社会性）	・自己主張と他者受容が共存する。 ・物の貸し借りや，順番待ちや交代などができるようになる。	・なんでも自分でしようとする。 ・気持ちのコントロールができずに，感情的になったり攻撃的になったりする。	・「だって，〜だから」と，根拠を示して自己主張する。 ・「〜だけど〜」と，内面的調整をし始める。	・ネガティブな感情や行動から，ポジティブな考え方や行動が少しずつ可能になる。 ・年下の子に教えることができる。
音楽的発達	・リズムがはっきりとした音楽に合わせて，歩いたり走ったりすることができる。 ・ギャロップなどのリズムの聴き分けができるようになるが，身体表現としては思うようにならず，知覚と行動にずれが見られる。 ・ひとり言の中で，チャント（chant）と呼ばれる長2度から短3度くらいの音程で，即興的に節をつけて歌う場面が見られる。 ・聴覚の発達が目覚しく，音色への興味が増しリズムうちも可能になる。		・音楽に合わせて，リズミカルな反応ができるようになる。 ・歌詞の意味が理解できるようになる。 ・音域が広がり，歌うことの興味が増す。	・歌全体を正確に歌えるようになる。 ・おおむねはっきりとした発音で自然な発声ができ，友達とそろって歌ったりリズム遊びをすることができる。 ・大きな声を張り上げて歌う姿が見られる。

❀ おおむね4歳児の発達の様子

全身のバランスを取る能力が発達し，体の動きが巧みになる。自然など身近な環境に積極的に関わり，様々な物の特性を知り，それらとの関わり方や遊び方を体得していく。想像力が豊かになり，目的を持って行動し，つくったり，かいたり，試したりするようになるが，自分の行動やその結果を予測して不安になるなどの葛藤も経験する。仲間との繋がりが強くなる中で，けんかも増えてくる。その一方で，決まりの大切さに気付き，守ろうとするようになる。感情が豊かになり，身近な人の気持ちを察し，少しずつ自分の気持ちを抑えられたり，我慢ができるようになってくる。（平成20年告示『保育所保育指針』より）

❖ おおむね3歳児の手あそび・歌あそび

てんぐのはな

作詞：浅野　ななみ
作曲：浅野　ななみ

てん　ぐ　の　は　な　は　な　が　いい　ぞ
ぞーあ　り　の　みく　ち　は　ちっ　ちゃ　い　ぞ

おっ　とっ　とっ　とっ　こ　の　く　ら　い

〔1番〕
てんぐのはなはながいぞ

1. 曲に合わせて拍手をします

おっとっとっとっとっ
このくらい

2. 手のひらを鼻につけ，少しずつ前へのばします

〔2，3番〕
3. 以下，2番，3番は1番に準じます

ただし，2番のおっとっとっとっとっは，耳に手をつけてのばします

3番のおっとっとっとっとっは，ほほに両手をあてて口を押します

❖ おおむね3～4歳児の手あそび・歌あそび

かなづちトントン

作詞：高木　乙女子
アメリカ民謡

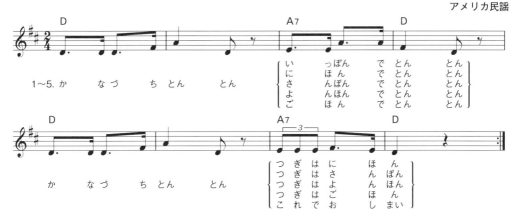

1～5. か　な　づ　ち　とん　　とん

{
い　　っぽん　　で　とん　　　とん
に　さ　　ほん　　で　とん　　　とん
よ　　ほん　ぽん　で　とん　　　とん
ご　　ほん　　で　　とん　　　とん
}

か　な　づ　ち　とん　　とん

{
つ　　つ　　ぎ　　は　　に　さ　　ほん　　ん
つ　　つ　　ぎ　　は　は　さ　よ　　ん　ぽん　ん
つ　　つ　　ぎ　　は　は　ご　お　　ん　ん　ほ
つ　　つ　　こ　　れ　　で　　　　し　まい
}

かなづちとんとん
いっぽんでとんとん
かなづちとんとん

1. 「とんとん」の部分
　 で，拍に合わせて右
　 手のこぶしを振る

つぎはにほん

2. 両手のこぶしを胸
　 の前に出す

かなづちとんとん
にほんでとんとん
かなづちとんとん

3. 「とんとん」の部分で
　 曲に合わせて両手の
　 こぶしを振る

つぎはさんぼん

4. 両手のこぶし
　 を胸の前に出し，
　 右足を上げる

かなづちとんとん
さんぼんでとんとん
かなづちとんとん

5. 「とんとん」の部分で，
　 曲に合わせて両手の
　 こぶしを振ると同時
　 に右足を踏む

つぎはよんほん

6. 両手のこぶしを
　 胸の前に出し，
　 両足を上げる

かなづちとんとん
よんほんでとんとん
かなづちとんとん

7. 「とんとん」の部分で，
　 曲に合わせて両手の
　 こぶしを振ると同時に両
　 足を踏む

つぎはごほん

8. 両手のこぶしを
　 胸の前に出し，
　 両足を上げ，頭を
　 左右にゆらす

かなづちとんとん
ごほんでとんとん
かなづちとんとん

9. 「とんとん」の部分で，
　 曲に合わせて両手・両
　 足・頭を大げさに振る

これでおしまい

10. 両手を頭の上から
　　 ひらひらさせながら
　　 おろす

❖ おおむね4歳児の手あそび・歌あそび

あたま・かた・ひざ・ポン

作詞：高田　三九三
イギリス民謡

あた　まか　た　ひ　ざ　ポン　　ひ　ざ　ポン　　ひ　ざ　ポン　　あた　まか　た　ひ　ざ　ポン　　め　みみ　はなくちー

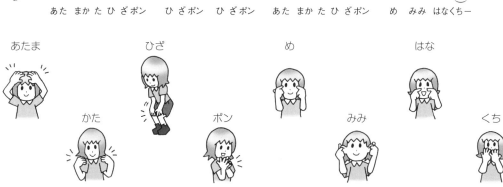

あたま　　　　　　　　　ひざ　　　　　　　　　　め　　　　　　　　　　はな

かた　　　　　　　　　ポン　　　　　　　　　　みみ　　　　　　　　　　くち

ずっとあいこ

作詞：阿部　直美
作曲：阿部　直美

1．かにさんと　　　かにさんが
2．くまさんと　　　くまさんが
3．あひるさんと　　あひるさんが

ジャンケン　　した　ら

チョキ　チョキ　チョキ　チョキ　　チョキ　チョキ　チョキ　チョキ
グー　グー　グー　グー　　グー　グー　グー　グー
パー　パー　パー　パー　　パー　パー　パー　パー

ずーっ　　と　　あ　い　こ

かにさんと　かにさんが

ジャンケン
したら

2．両者，8回
拍手をします

ずーっと

4．両手を合わせ
外側へ回します

あいこ

5．両者，3回拍手をします

1．2人で向き合い，右手を
チョキの形で4回，左手を
チョキの形で4回，曲に合
わせて振ります

チョキチョキ……チョキ

3．曲に合わせ，右，左，右，左……と，
手をチョキの形の形にして出します

6．以下，2番のくまはグー，
3番のあひるはパーの形にして，
1番に準じて遊びます

ワニのかぞく

作詞：かみつぼ　マヤ

作曲：峰　陽

1. ワ　ニの　　おと　うさん　　ワ　ニの　　おと　うさん
2. ワ　ニの　　おか　あさん　　ワ　ニの　　おか　あさん
3. ワ　ニの　　おに　いさん　　ワ　ニの　　おに　いさん
4. ワ　ニの　　おね　えさん　　ワ　ニの　　おね　えさん
5. ワ　ニの　　あか　ちゃん　　ワ　ニの　　あか　ちゃん

　おくちを　あけて　　ー

め　だま　　ギョロ　ギョロ　　め　だま　　ギョロ　ギョロ
オッ　パイ　　ポヨヨ　ヨーン　　オッ　パイ　　ポヨヨ　ヨーン
きん　にく　　モリ　モリ　　きん　にく　　モリ　モリ
お　　しり　　プリ　プリ　　お　　しり　　プリ　プリ
お　　へそ　　グリ　グリ　　お　　へそ　　グリ　グリ

　およいで　ます　　ー

〔導入〕

1. 両腕をワニの口のように大きく
   開いたり閉じたりする

　　バックン
　　バックン

1番　おとうさんワニ　1，2，3，4
2番　おかあさんワニ　1，2，5，4
3番　おにいさんワニ　1，2，6，4
4番　おねえさんワニ　1，2，7，4
5番　あかちゃんワニ　1，8，9，10

〔1番〕

2. 1の動作を8回

ワニのおとうさん
ワニのおとうさん
おくちをあけて

3. 両手を双眼鏡のように
   目をあてて，あちこち見回す

めだま
ギョロギョロ
めだま
ギョロギョロ

4. 両腕を平泳ぎのように動かす

およいでます

5. 身体を振って胸
   をゆらす動作

オッパイ
ポヨヨ　ヨーン
オッパイ
ポヨヨ　ヨーン

6. 両腕を力強く
   曲げたり伸ばした
   りする

きんにくモリモリ
きんにくモリモリ

7. おしりを振る動作

おしり　プリプリ
おしり　プリプリ

8. 両手の人さし指を
   あかちゃんワニの口
   のように開いたり閉
   じたりする

ワニのあかちゃん
ワニのあかちゃん
おくちをあけて

9. おへそを両手の
   人さし指で押さえて
   グリグリする

おへそグリグリ
おへそグリグリ

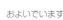

10. 両手の人さし指を泳いで
    いるように動かす

およいでいます

くいしんぼうのゴリラ

作詞：阿部　直美
作曲：おざわ・たつゆき

1.2. くい しんぼう の　ゴリラ が 〔バ ナ ナ を／レ モ ン を〕 み つけた　　かわむいて　かわむいて

パックン　と　た べ た　　ドンドコドンドン　ドンドコドンドン　おー　　〔うまい／すっぱい〕

3. くいしんぼうの　ゴリラ が　たまねぎ　みつけた　かわむいて　かわむいて　かわむいて　かわむいて

た べるところ が　なくなった　　ドンドコドンドン　ドンドコドンドン　あー　　かなしい

くいしんぼうのゴリラが

バナナを
みつけた

1. 手拍子を4回する（手拍子1回，お腹の脇を4回たたくという動作でもよい）

2. 1と同じ動作をする

かわむいて
かわむいて

パックンと
たべた

ドコドコドンドン
ドコドコドンドン

お～　うまい

3. 片手でバナナを持ち，もう片方の手で皮をむくしぐさをする

4 バナナを持った手を高く上げ，口を大きくあけてパクリと食べるしぐさをする

5. リズムに合わせて胸をたたく

6. 両手を大きく回してほおにあて，とってもおいしい表情をつくる

〔2番〕
歌詞は違うが，動きは1番と同じ

お～すっぱい

〔3番〕
歌詞は違うが，動きは1番と同じ

ドンドコドンドン
ドンドコドンドン

あ～かなしい

7. 両手を大きく回して口元にあて，すっぱい表情をつくる
あ～かなしい

8. リズムに合わせて胸をたたく

9. 泣くしぐさをする

でんしゃがでんでん

作詞：福尾野　歩
作曲：中川　ひろたか

でん　しゃがでん　でん　　でかけるでん　でん　　ガッ　タンガタゴト　　　ポッ　ポー

でん　しゃがでん　でん　　でかけるでん　でん　　うんてんしゅは　きみだ　　「出発進行」
「どんでーん」

1. 両手を腰のあたりで
　ぐるぐる回し電車の
　ように走る

でんしゃが
でんでん

でかけるでんでん
ガッタンガタゴト

2. 他の子どもの回りを自由に走る

3. 走りながら片腕をあげる

ポッポー

でんしゃがでんでん
でかけるでんでん

4. 他の子どもの回りを自由に走る

うんてんしゅはきみだ

Ⓐ　　　　Ⓑ

5. 他の子どもを指名する

出発進行

6. 「出発進行」で回れ右をして
　Ⓐくんが運転手になり, 後ろにⒷさんがつく

でんしゃが
でんでん
でかけるでんでん
ガッタン ガタゴト
ポッポー

7. 2回目以降は1回目同様の動作をする

でんしゃがでんでん
でかけるでんでん

うんてんしゅは　きみだ

Ⓑ Ⓐ　　　Ⓒ

8. どんでん返しで全員回れ右
　Ⓑさんが運転手で出発進行
　次のどんでんでⒸくんが運転手になる

どんでーん

Ⓑ Ⓐ　Ⓒ

4 おおむね5〜6歳児の発達と手あそび・歌あそび

おおむね5歳児の発達の様子

基本的な生活習慣が身に付き，運動機能はますます伸び，喜んで運動遊びをしたり，仲間とともに活発に遊ぶ。言葉により共通のイメージを持って遊んだり，目的に向かって集団で行動することが増える。さらに，遊びを発展させ，楽しむために，自分たちで決まりを作ったりする。また自分なりに考えて判断したり，批判する力が生まれ，けんかを自分たちで解決しようとするなど，お互いに相手を許したり，異なる思いや考えを認めたりといった社会生活に必要な基本的な力を身に付いていく。他人の役に立つことをうれしく感じたりして，仲間の中の一人としての自覚が生まれる。

（平成20年告示『保育所保育指針』より）

表3−5　子どもの発達表（5〜6歳未満）

	5歳〜5歳6ヵ月未満	5歳6ヵ月〜6歳未満
身体的発達	・バランス感覚が増す。 ・手足を正確に動かし，速度の変化に反応できるようになる。 ・大部分の子がスキップができるようになる。	・竹馬や自転車などに乗れるようになる。 ・ジャンプ力も増し幅跳びは1ｍ程度，垂直跳びは20cm近くに達する。
手指の操作の発達	・三角（△）が描ける。	・渦巻きのような丸が描けるようになる。
認識の発達	・「20」までの復唱ができ，概括，選択も可能となる。 ・じゃんけんのルールに興味を持ち始める。 ・自分の左右が分かり始める。	・時間や空間の把握ができる。 ・対面する相手の左右が分かる。 ・3次元の世界が形成される。
ことばの発達	・語彙が2000語くらいになる。	・物事についての説明が，文脈を作ってできるようになる。
自我の発達 （社会性）	・「できた」「できない」の評価から，「〜したらできる」という考え方ができるようになる。 ・将来の夢などの質問に答える。	・子ども同士の世界を作り始める。 ・友だち同士で，教えあったり手助けすることができる。
音楽的発達	・即興的な身体表現も上手になる。 ・音楽に合わせて体がついていけるようになる。 ・声域の拡大により，リズムや音程も正確に歌えるようになる。 ・歌詞の内容を理解して，曲に合わせた表現も可能になる。 ・楽器以外の音にも興味を示す。 ・音楽的能力の最大のピークがあると言われる。	

❀ おおむね6歳児の発達の様子

　　全身運動が滑らかで巧みになり，快活に跳び回るようになる。これまでの体験から，自信や，予想や見通しを立てる力が育ち，心身ともに力があふれ，意欲が旺盛になる。仲間の意思を大切にしようとし，役割の分担が生まれるような協同あそびやごっこ遊びを行い，満足するまで取り組もうとする。様々な知識や経験を生かし，創意工夫を重ね，遊びを発展させる。思考力や認識力も高まり，自然事象や社会事象，文字などへの興味や関心も深まっていく。身近な大人に甘え，気持ちを休めることもあるが，様々な経験を通して，自立心が一層高まっていく。（平成20年告示『保育所保育指針』より）。

表3－6　子どもの発達表（6〜6歳未満）

	6歳〜6歳6ヵ月未満
身 体 的 発 達	・片足とびでの前進やスキップ，横跳び，側転などが連続してできるようになる。
手指の操作の発達	・ひし形が描けるようになる。 ・細かい作業ができるようになる。
認 識 の 発 達	・読む，書く，数への関心が芽生える。 ・友達との共同製作が可能になる。 ・3次元の世界が豊かになる。
こ と ば の 発 達	・絵本や看板など，身近な文字への関心が深まる。 ・言語が考えることの手段となる。
自 我 の 発 達 （ 社 会 性 ）	・勝ち負けのあるゲームを楽しむ。 ・集団の中で，ルールや役割を理解しすることができる。
音 楽 的 発 達	・アクセントに対する反応も発達し，拍子感も備わる。 ・長調や短調，和音についての感覚は，意識的に繰り返して歌うことで身につくようになる。

40

❖ おおむね5〜6歳児の手あそび・歌あそび

ブタくん街道を行く

作詞：福尾野　歩
作曲：才谷　梅太郎

〔1番〕

ブタがみちを

1．両手でブタの鼻
をつくるしぐさ
をする

ブーブー　あるいていると

ブーブー

2．両手を振りながら
ブタが鳴くしぐさ
をする

なんだかとっても
いいおとが

3．両手を振りながら
元気に足踏みをする

ナニナニ　ナニナニナニ

4．耳に手をあて左右に
聞くしぐさをする

音色に
つられてきているうちに

アラ！　　マァ！

5．ビックリした
動作をする

耳がのびて　　耳がのびて

6．うさぎの耳の
しぐさをしなが
ら全身で伸びる

ウサギに
なっちゃった

7．うさぎのようにはねる

ウソウソ　ウソウソウソ

8．腕を大きく左右にふる

〔2番〕

1・2・3は
同じ動作をする

ドレドレ　　ドレドレドレ

4．左右を見渡す
しぐさをする

音色に
つられてきているうちに

アラ！　　マァ！

5．ビックリした
動作をする

くびがのびて　　くびがのびて

6．あごに手をあて首が
伸びるしぐさをする

キリンになっちゃった

7．つまさき立ちで
伸び上がる

ウソウソ　ウソウソウソ

8．腕を大きく左右にふる

〔3番〕

1・2・3は
同じ動作をする。

ブヒブヒ　　ブヒブヒブヒ

4．左右に体を曲げながら
鼻を鳴らすしぐさをする

音色に
つられてきているうちに

アラ！

5．ビックリした
動作をする

はながのびて

6．鼻に手をあて
鼻が伸びるしぐさ
をする

ゾウに　　なっちゃった

7．片手でゾウが鼻を
振り上げるしぐさをする

ウソウソ　ウソウソウソ

8．腕を大きく左右にふる

猛獣狩りに行こうよ

作詞：米田　和正
アメリカのあそびうた

どんどこどんどこ
どんどこどん

1．リズムに合わせて
　ひざをうつ

もうじゅうがりに
いこうよ

2．リズムに合わせて右手の
　こぶしを突き上げる

ライオンなんて

3．ライオンの
　まねをする

こわくない

4．自分の前に大きく
　×印をかく

だいじゃなんて

5．大蛇のまねをする

こわくない

6．4と同じ動作をする

ゴリラだって

7．ゴリラのまねをする

こわくない

8．4と同じ動作をする

だっててっぽう
もってるもん

9．大きな鉄砲を打つ
　しぐさをする

やりだってもってるもん

10．ヤリで相手を突く
　　しぐさをする

ともだち
だって
いるもん

11．近くの誰かと肩を組む

あっ　　　あっ

あっ

12．何かを発見したように指をだす
　　（いろいろな方向をさすとおもしろい）

13．ゴリラになって遊ぶ

5 発達過程に応じた遊びの展開

　第3章では，それぞれの発達過程に即した手あそび・歌あそびを紹介しました。子どもの発達の様子を理解することで，同じ遊びから様々な展開ができます。そこで，一つの遊びを使って子どもの発達にあった援助の方法について，主に環境構成やことばがけの視点から遊びの展開について考えてみましょう。

ワーク1

・発達過程にあった遊び方や遊びの展開を考えてみましょう。

　例：♪『あおむしでたよ』を使って，発達過程に応じた遊びの展開

○おおむね3〜4歳（年少児）の場合
　環境構成　　・できるだけ少人数（2〜3人程度）の子どもを相手に，子どもと対面し目を見ながら話しかけるようにゆっくり歌って遊ぶ。
　　　　　　　・ペープサートや軍手人形などを使い，あおむしの様子などが視覚的にも理解できるようにする。
　ことばがけ　・子どもたちの動きや様子を見て，「○○ちゃんのあおむしさんは出てきたかな〜？」などのことばがけを行う。

○おおむね4〜5歳（年中児）の場合
　環境構成　　・クラスの子どもを相手に，話しかけるようにいろいろな速さで歌って遊ぶ。
　　　　　　　・ペープサートや軍手人形などを，子どもたちがあおむし役になって遊ぶ。
　ことばがけ　・あおむしのとうさん，かあさん，にいさん，ねえさん，あかちゃんの特徴を話したり，子どもたちからの意見をきいたりする。

○おおむね5〜6歳（年長児）の場合
　環境構成　　・子どもたち自身で，いろいろなあおむしを作って遊ぶ。
　　　　　　　・動ける空間を準備し，5人程度のグルーピングをして劇遊びなどへの展開を試みる。
　ことばがけ　・それぞれのグループの良いところを見つけて，みんなに紹介する。

注）

　表 3 － 1 ～ 表 3 － 5 は，河原紀子監修・執筆『 0 歳～ 6 歳子どもの発達と保育の本』学研，2011 年の「発達表」を
参考に一部改変したものである。

 参考文献

阿部直美編著『指あそび手あそび100』チャイルド本社，2000 年

阿部直美『 0 ～ 5 才児の手あそび歌あそび』ひかりのくに，1984 年

河原紀子監修・執筆『 0 歳～ 6 歳子どもの発達と保育の本』学研，2011 年

厚生労働省編『保育所保育指針』フレーベル館，2008 年

小林美実編『続こどものうた200』チャイルド本社，1996 年

福尾野歩作・監修『あそびうた大全集』クレヨンハウス，1991 年

第 4 章

聴く活動について考えてみよう！

　身の回りの様々な音の存在に気付いてその響きを楽しんだり，相手の言葉に耳を傾けて他者の気持ちを思いやる心を育てるためには，多様な音や音楽，また人の言葉に触れ，主体的に「聴く」態度を養うことが大切です。幼児期から「聴く」力を身につけて，音楽的感性や社会性の涵養を目指したいものです。

　ここでは，乳幼児期における聴覚の発達を概観し，表現活動にもつながる聴く活動についての理解を深めます。

1　子どもの発達と聴く活動

　音楽教育家で作曲家のコダーイは，音楽教育の開始時期について「生まれる９カ月前から」と述べています。つまり，心音が確認される妊娠２カ月頃から音楽を聴かせる意味があると考えているのです。医学的には聴覚機能の完成は受胎後６カ月とされており，その頃から胎内で母親の鼓動や振動だけでなく外界音も聴くようになると言われています。医者で教育家だったモンテッソーリも，７カ月の胎児は話し言葉を聞き始めると語っています。生まれる前から既に音は聞こえているのであり，聴いているのです。したがって，母子のコミュニケーションは既に誕生前から始まっており，お腹の子どもに優しく語りかけたり歌ってあげることは充分意味のあることだと言えます。さらに，心地よい音楽を聴かせることで，胎児には適度な刺激となり，母親にとっては心身のリラックス効果も得られます。胎児にとっては，多くの語りかけや音楽による音声情報が蓄えられていくことで，音に対する感覚や理解が促されます。

　聴覚は，触覚とともに五感の中で最も早く発達します。

　新生児は大きな物音にびっくりするなど，音に対して反射的に反応します。生後12時間後には，人の話し声とそれ以外の音を聴き分け，生後３週間から１ヵ月で，話しかけると泣きやむなどの反応が見られるようになります。３ヵ月頃からは首がすわるようになりますが，音の方向へ振り向くなど音源を探す行動が始まります。また，心地よい音や不快な音を聴き分けたり，様々な音に対して笑ったり泣きだしたりなどの反応もします。同じ頃，母親の声に合わせて声を出すなど，聞こえてくる音に対して自分の声を出して反応するようになります。５ヵ月になると，ガラガラを振って音を出して遊ぶことができるようになります。また，聞きなれた声を認識し，呼びかけに対して声をたてて笑うなどの反応をします。６ヵ月目には，声を掛けられると振り向き，寝返りをうったり手足をばたつかせて喜びを表現するようになります。７ヵ月頃には，話しかけると口元をじっと見て聞こうとする様子が増え，喃語も盛んになります。８ヵ月では，音楽のリズムに反応して手足を動かしたりするなど，様々な音に対して敏感に反応するようにもなります。９ヵ月から10ヵ月になると，言葉を模倣するようになり，マンマ，バイバイなど簡単な言葉で話しかけていると，口真似をするようになります。11ヵ月には，動きがますます活発になり，音楽のリズムに合わせて手を振ったり，音の出る玩具や楽器などに興味を示し，振ったり叩いたりします。１歳になると，自分の名前を呼ばれると振り向くようになったり，子どもの持っているものを「ちょうだい」と言うと差し出す反応が見られるなど，相手の言葉を理解するようになります。また，聞こえてくる音が視界になくてもその音源の方向が分かるようになります。１歳半ばになると，自分の名前を呼ばれると「はーい」と返事ができるようになり，「ママ」や「パパ」などの意味のある言葉がいくつか言えるようにな

ります．1歳後半になると，音楽に合わせて歌ったり身体を動かしたりするなど音楽への興味が増し，音感も発達してきます．2歳になると，音楽や音に対しても，より活発に身体全体を使って反応するようになり，自分の好きなフレーズを繰り返し口ずさむ様子も見られます．3歳になると，楽器で音を出すことに興味をもったり，歌が始めから終わりまで歌えるようになったり，グループで歌うことも徐々にできてきます．4，5歳になると，音楽に合わせた身体表現にも正確さが増します．音感もいちじるしく発達して，メロディやリズムも理解できるようになり，正確な音程で歌えるようになります．

　言語能力に関しては，意味のある言葉を用いて話し言葉として通じるようになるのは3歳頃，語彙が増えてくるのは4歳頃ですが，その頃から聴いた音や音楽に関する言葉を使った表現もできるようになります．言語表現がむずかしい2歳頃までは，乳幼児が興味関心をもつような言葉かけを心がけましょう．

　もちろん発達過程には個人差がありますので，個別の発達状況を見極めて援助する必要があります．

2　聴く活動の意義とねらい

　音楽活動は，自ら音や音楽を生み出す表現活動と，外部からの音や音楽を聴く聴取活動とに大別されます．さらに，聴くという行為はその関わり方によって，無意識に「聞こえる」と意識的に「聴く」に分けられます．この場合，前者を受動的な「聞く（hear）」，後者を能動的な「聴く（listen）」行為と解釈できます．領域「表現」（満3歳以上）には，豊かな感性を養う際に，風の音や雨の音といった自然の中にある音などに気づくようにすると示されていますが，「気づく」ためには耳を傾けて「聴く」，つまり傾聴することが必要です．このことは，就学後の鑑賞活動で音楽の特徴や要素を聴取させるためのより積極的な「聴く」姿勢へと展開していきます．

　音楽を聴くことに関する活動基準を，領域「表現」の内容で確認しましょう．

　聴く行為に着目すると，以下の内容が関連します（幼＝『幼稚園教育要領』，保＝『保育所保育指針』，認＝『幼保連携型認定こども園教育・保育要領』）．

- 生活の中で様々な音に気付いたり，感じたりするなどして楽しむ．（幼・保・認）
- 生活の中で美しい物や心を動かす出来事に触れ，イメージを豊かにする．（幼・保・認）

さらに，以下のように聴く活動から言語活動や身体表現への展開が示されています．

- 様々出来事の中で，感動したことを伝え合う楽しさを味わう．（幼・保・認）
- 感じたこと，考えたことなどを音や動きなどで表現したりする．（幼・保・認）
- 自分のイメージを動きや言葉などで表現したり，演じて遊んだりするなどの楽しさを味わ

う。(幼・保・認)

- 音楽，リズムやそれに合わせた体の動きを楽しむ。(保・認［３歳未満児］)

　このように，聴く活動は音や音楽を聴いて味わうだけでなく，そのことを「言葉」や「動き」で自己表現して「伝え合う」ことへと展開させる内容を含んでいます。したがって，音楽における聴く活動では，聴いたものの印象を捉え，さらに言語化によって他者と共有することも求められます。その意味で，聴く活動は他者との言葉の交換を促すコミュニケーションに関わる活動であるともいえます。

　なお，領域「表現」では，出会った事象から得られた感動を表現し他者と共有することを通して豊かな感性を養うことが求められています。そして，領域「言葉」では感情表現やコミュニケーションだけではなく，思考のための言葉の開発も重視されています。音や音楽の体験を言葉にすることで，考える姿勢の育成も期待できるでしょう。聴く活動を通して，「言葉による伝え合い」や「豊かな感性と表現」（「幼児期の終わりまでに育って欲しい姿」）の実現を目指します。

　聴く活動には，聴いたことを「言葉で表現」し「伝え合う」言語活動への展開を含むことから，領域「言葉」と関連のあることが分かりました。では，領域「言葉」のなかで聞くことに関する内容を確認してみましょう。

　※本書では，話を「きく」も能動的な「聴く」行為と解釈していますが，領域「言葉」での
　　表記「聞く」に従っています。
- 先生や友達の言葉や話に興味や関心をもち，親しみをもって聞いたりする。(幼)
- 人の話を注意して聞く。(幼・保・認)
- 生活に必要な簡単な言葉に気付き，聞き分ける。(保・認［３歳未満児］)
- 保育士・保育教諭等や友達の言葉や話に興味や関心をもって，聞いたり［１歳以上３歳
　未満児］，興味や関心をもち，親しみをもって聞いたり［３歳以上児］話したりする。(保・
　認)

　聴く活動では音や音楽だけでなく「相手の話す言葉」も対象となりえます。聴く態度や聴く力は音や音楽によっても，人の話を聞く行為によっても育まれるものです。幼児期に，自分を表現する力だけでなく人の話を聞くというコミュニケーションの基礎を培うことは重要なことです。最後まで相手の意見をしっかり聞き，相手が何を言おうとしているのか理解しようとする。熱心に耳を傾ける態度を養うことで相手の気持ちを感じ，相手の立場に立って考えることにもつながります。それが人と共感する素地となり人間関係を築く土台となります。この意味で，聴く活動は音楽や相手の言葉を聴く対象としながらコミュニケーションの根本を育むという観点で取り組むことができます。このように，聴く活動を通して，音や音楽を「聴く」力とともに，相手の話を「聞く」力を育てることが肝要です。

　以上のように，聴く活動には次のねらいが想定できます。子どもが生活のなかで様々な音に気付いて楽しむことを通して，音楽的な感性を育てること。そして，子どもが相手の話す言葉

を聞こうとする意欲や態度を身につけることで，コミュニケーション能力の土台をつくることです。

3 **聴く活動の援助について**

⑴　子どもの音楽聴取の特徴

　1歳未満の乳児は，すでにメロディ，リズム，音程，音色などの音楽要素の特徴を聴き取り，音楽を知的に聴いていることが分かっています。さらに，新生児は母親の声を認識し好んで聴くなど，聴覚的な好みを示すことも明らかになっています。乳児の音楽的嗜好に関する研究では，不協和音よりも協和音を，複数の音色からなる音楽作品ではなく単一の音色による音楽を，また低音域よりも高音域の歌を，さらに伴奏付きではなくア・カペラ（無伴奏）の歌を好みます（Ilari & Sundara 2009））。乳児がシンプルな音楽を好む傾向にあるのは，聴覚現象を認識する能力に限界があるからだと考えられます。認識能力の発達のためには，聴く，見るなどの感覚に適切な刺激を与えることが必要です。音や音楽，そして言葉を繰り返し聴かせることで，音に気付いて，音を聴き分け，言葉を理解していきます。それでは，乳幼児はどのような音楽を耳にするのが良いでしょうか。前述したように，子どもが好む高い声による明るい単一音色からなるア・カペラのシンプルな歌は子どもにとって快適で心を和ませる音楽となるでしょう。例えば，女声あるいは子どもの声による童謡，唱歌，わらべうた，子守唄，幼児向けに書かれた子どもの歌がそれに当てはまります。また，年齢が低いほど音域が狭く跳躍の少ない，ゆったりしたテンポの短い歌がふさわしいと考えられます。とりわけ乳児にとっては，抱っこして身体をポンポンと優しくリズムをとるなどスキンシップをとりながら明るく穏やかな声で歌いかけるのが，子どもにとって最も安心感の得られる音楽となるでしょう。保育者はさらに表情豊かに語りかけるように歌うことを心がけましょう。

⑵　聴く活動に適した選曲

　子どもが単一の音色で明るい高音の単純な響きを好むことを考えると，フルートやリコーダー，またオルゴールなどの奏でる音楽も適しているでしょう。クラシック音楽では，モーツァルトの楽曲に子どもが親しみを感じやすい特徴をもつものが多く見られます。例えば，ピアノやヴァイオリンの独奏曲，協奏曲，フルート四重奏曲，フルートとハープのための協奏曲，弦楽四重奏曲，交響曲などです。この場合，音楽鑑賞をイメージするのではなく，登園，昼食，おやつ，午睡などの時間帯にBGMとして流すことで，より自然な形で聴く活動ができます。幼児には少し難しくも思われますが，様々な音楽と早期に出会うことで，それが種となり将来芽吹いていく可能性もあります。大人は，子どもの聴く力を過小評価せずに，成長著しいこの時期にいろいろな音楽に触れる機会を与えたいものです。

　世界には様々な音楽文化が存在します。例えば日本人の感覚では不協和に聞こえる響きを協和的とみなす文化（例えばコーカサス地方）や，雑多な音からなる賑やかな子守唄を奏でる民族（タンザニアのワゴゴ族）もあります。もちろん，あらゆる世界の音楽に分け隔てなく親しむ態度は望ましく目指すべきものです。しかし，幼少期にはまず自分の生活している風土から生まれたわらべうたや子どもの歌など，言語習得を促したり，自らのアイデンティティにつながる音楽に目を向けることも大切です。音楽教育に民謡を積極的に取り入れていたコダーイは，まず民謡など自国の音楽に親しむことの意義を強調しました。

　上述したようなクラシック音楽は，音色やハーモニーの観点からは比較的受容しやすいでしょう。ここでは子ども向けのクラシック音楽を使って，聴く活動の取り上げ方を考えてみましょう。

① 《動物の謝肉祭》（サン＝サーンス作曲）

　14曲からなる組曲で，各曲に子どもたちも知っている動物の名前のついたタイトルがついています。例えば，第1曲「獅子王の行進曲」，第5曲「象」，第7曲「水族館」，第9曲「森の奥のカッコウ」，第13曲「白鳥」では動物の鳴き声やイメージが，様々な楽器で表現されています。

　これらの特徴的な部分を抽出して，子どもたちと動物当てクイズをしてみましょう。

• 獅子王…ピアノのグリッサンドによるライオンの咆哮
• 象…コントラバスの音で踊る象
• 水族館の魚たち…グラスハーモニカでの水の中を泳ぐ魚たち
• カッコウ…クラリネットによるカッコウの鳴き声（子どもの歌「かっこう」と同じ音型）
• 白鳥…チェロによる優雅にただよう白鳥

　例えば，ライオンやカッコウのモチーフが聴こえてきたらその動物の絵に丸をつけたり，その動物の動きをするといった身体表現をすることで，子どもによっては聴取時間が40分まで伸びたという研究結果もあります（Sims 2005）。こうしたアクティブ・リスニングによって，集中して楽しみながら長時間聴き続けることにつながったのです。

②　《ピーターと狼》（プロコフィエフ作曲）

　物語をベースにした楽曲です。お話を語りながら，登場人物（動物）をペープサートやパネルシアターとして描いたり，絵本などを活用して目で物語を追いながら音楽を味わいます。ピーターや小鳥，アヒルや猫などのモチーフが出てきたら，その絵を掲げるなど音楽と関係づけるとより楽しめます。また，登場人物がいろいろな楽器の音で表現されていますから，オーケストラの楽器に親しむきっかけにもなります。

◇ピーター（管弦楽奏），狼（フレンチホルン），おじいさん（ファゴット），猟師の撃つ鉄砲（ティンパニー），小鳥（フルート），アヒル（オーボエ），猫（クラリネット）

③　《くるみ割り人形》（チャイコフスキー作曲）

　この楽曲は，E.T.A.ホフマンの童話『くるみ割り人形とネズミの王様』を原作としたバレエ音楽です。それぞれの楽曲で異なるテンポや雰囲気に合わせて身体を動かす表現活動につなげましょう。特に，第2幕のお菓子の妖精たちの歓迎の宴で繰り広げられる，登場人物の踊りの音楽は動きをイメージしやすいので，子どもたちが音楽を聴きながら自由に動いて音楽を身体で感じることもできます。

◇お菓子の妖精の踊り
　チョコレート【スペインの踊り】，コーヒー【アラビアの踊り】，お茶【中国の踊り】，トレパック【ロシアの踊り】など

4　聴く活動の実践

　音楽の3要素のうち幼児期に最も早く育まれるのはリズムです。乳児でもご機嫌の時はリズミカルに手足を動かします。リズムは音楽だけでなく言葉にも宿っています。そのため，絵本や物語の読み聞かせを早い段階から取り入れることで，リズム感を多様に育成できるでしょう。また，相手の話をしっかり聞く態度を身につけていくために，子どもの何気ない言葉にも子どもの目線に合わせて耳を傾け，気持ちを受けとめて共感する姿を保育者自身が示していきましょう。

⑴　マザリーズ

　「子どもの音楽聴取の特徴」で述べたように，乳幼児が好むのはマザリーズ（高めの声によるゆっくりとして抑揚のついた語りかけ）のような歌い方です。子どもとしっかり目線を合わせ，笑顔であやしながら歌い聞かせましょう。普段の保育のなかにも歌うような声かけの場面が随所に見られます。例えば「手を洗おうね，キュッ　キュッ　キュッ」という言葉かけには，思わず歌いたくなるようなリズミカルな響きがします。保育者は，子どもたちが少しでも楽しく活動できるように，即興でメロディをつけるように抑揚をつけて話しかけています。また，言葉として話すよりも歌いかけるような語りかけの方が，一つひとつの言葉が強調されて聴き取りやすく，印象的で覚えやすいという効果もあります。このような配慮が，言葉の発達を促す関わり方にもなっているのです。

ワーク1

・声の使い方を工夫してみましょう。

　次の保育の場面では，声の使い方をどのように工夫したら良いでしょうか。どんな言葉を使って，どのように抑揚をつけますか？
　　・次の活動に移るとき，先生に注目する
　　・お片付け
　　・はみがき

⑵　サウンド・エデュケーション

　音の環境，あるいは音の風景と訳されるサウンドスケープは，その場に鳴り響く固有の音，自然の音も含めた様々な音の環境のことです。景観を意味するランドスケープに対する造語で，1960年代にR.マリー・シェーファー（カナダの作曲家で音楽教育家）が提唱しました。風景には音が欠かせないという考え方で，聞こえてくる音だけではなく音を生み出している場所や環境，そこに暮らす人々との関係性も含まれる概念です。このようなサウンドスケープの考え方に基づき，身近な環境に耳を傾けて聴く技術を向上させるための教育をサウンド・エデュケーションと呼んでいます。シェーファーによる子ども向けのワークブック『音さがしの本　リトル・サウンド・エデュケーション』に掲載されている100のサウンドワークの一部を抜粋します。

◇ウォーミングアップ
　1　ほんの少しのあいだ，すごく静かにすわってみよう。そして耳をすましてみよう。今度は紙に聴こえた音をぜんぶ書き出してみよう。

◇音のイメージを想像する

31　音をぜんぜんたてずに，立ち上がれるかな？　どうやったらパッとできるかを考えてみよう。それから試してみよう。

32　紙を一枚持ってきて，音をぜんぜんたてないように，その紙を部屋の中にいるみんなで回してみよう。

33　一枚の紙を楽器だと思ってみよう。クラスみんなが，それぞれ違った音をつくらなければならない。紙を折ったり，息を吹きかけたり，落としたり，ちぎったり，ほかにどんなことができるかな。ただし，最後までまるめないように。

◇音の宝さがしゲーム

91　「音のかくれんぼ」をやったことがあるかな？　時計とか，メトロノームとか，ラジオとか，何かずっと音がするものを持ってきて，家のどこかにかくそう。それから耳だけをたよりにして，それがどこにあるかをさがしてみよう。

　私たちを取り巻く日常は自然の音や生活音，機械音など様々な音にあふれています（サウンドスケープ）。普段は聞き逃してしまう様々な環境音に耳をすませ，それらのもつ独特のリズムや音色，音の輪郭を聴き取ってみましょう。園舎や園庭，遠足先，また家庭で聞こえてくる自然音や生活音，話し声や笑い声，身体の中の鼓動（友達の背中に耳を当てます）に耳をすませてみます。そして，聞こえてくる雑多な音を「サウンド・マップ（音の地図）」にして絵に描いたり，言葉（擬音など）で表現したりしましょう。また，風の音の強弱で強い風か弱い風かに気付いたり，風が暖かいか冷たいかなど，聴覚だけでなく五感で感じます。さらに，どんなふうに吹いているか風を感じて身体で表現する活動へとつなげることもできます。また，身近な楽器の音を感じたままに絵にする方法もあります。絵に描くことで，様々な楽器の音の違いが視覚的にも感じられるようになります。

　音の観察を通して，自分を取り巻く環境に対して意識的になり，普段は見過ごしてしまう様々な事物の存在に気づくことにもつながります。

音を絵にしたり，言葉で表わそう！

ワーク2

・園庭で聞こえてくる音をサウンド・マップ（音の地図）にしたり，オノマトペにして声で
　表現してみましょう。

ワーク3

・身近な打楽器（鈴，カスタネット，タンブリン，トライアングル等）の音を絵に表してみま
　しょう。

(3)　音遊び
　乳幼児は，目についたものを振ったり叩いたり自分の身体を動かして音を出すことを楽しみ

ます。言葉で表現できない分，自分の気持ちを音で表現しようとすることもあるでしょう。遊びのなかで音を感じながら，身の回りの音に興味をもったり，様々な音の違いに気付くことを通して耳の感覚を養い，音楽への目覚めにつなげます。例えば，わいわいおしゃべりしている子どもたちの注意を引きたい時は，言葉で伝えるだけでなく，鈴などを手元で見えないように鳴らして「あれ，何かきこえたね」などと問いかけをして注意喚起を促すことができます。子どもが作る場合は，好きな絵を描いて，手づくりで「紙コップベル」を作ってみましょう。

◇サウンドバスケット

　「フルーツバスケット」の要領で遊びます。フルーツの代わりに身近な打楽器を用いましょう。鈴，カスタネット，タンブリン，トライアングルなどの容易に音が出せる楽器です。これらの楽器を子どもたちに割り当て，楽器名を書いた紙をお互いに確認できるように首から掛けます。ゲームに入る前に，準備運動として保育者が見えないように鳴らしたのがどの楽器なのか当てっこをすると良いでしょう。繰り返すことでも慣れてきますが，5歳児になると2つの楽器を同時に鳴らしても聴き分けられます。タンブリンについては，ジングル（鈴の部分）が鈴の音に近いので，混同しないように同時に鳴らす場合は異なる楽器との組み合わせが良いでしょう。準備運動が終わったらゲームに入ります。

① 参加人数よりひとつ少ない数の椅子を外側に向けて円状に設置し，子どもたちが座ります。中央にオニ（最初は保育者）が立ち楽器を鳴らします。

② 鳴った楽器のプレートを掛けた子どもが立ちあがり，オニとともに椅子取りゲームをします。

③ 椅子を取れなかった子どもが今度は真ん中に立ってオニになります。以後，この繰り返しです。オニが鳴らす楽器は，まずはひとつから始め，慣れてきたら複数の楽器を同時に鳴らしてみましょう。

ワーク4

・声の使い方を工夫してみましょう。

　紙芝居や絵本を音読し，そのなかに出てくるオノマトペをどんな声を使って表現したか振り返ってみましょう。ストーリーの場面や登場人物の心情を表現するためには，必ずいろいろな声をつくっているはずです。そこには，音の強弱や高低，リズムパターンといった音楽要素もつまっています。

◇歌詞のなかの「音」

ワーク5

・耳を澄まして，小さな音を聴いてみましょう。

　「とけいのうた」の歌詞には「コチコチカッチン」という時計の音が出てきますが，実際にどんな音なのか，時計の音に耳をすませてみましょう。アナログ時計では，秒針音が1秒刻みで聞こえてきます。みんなでとても静かにしないと聴き取れない音です。

　時計の音に似た心音にも耳をすませてみましょう。友達の背中に耳を当てて集中すると聞こえてくるかもしれません。手首の内側に指を当てて心拍を感じても良いでしょう。

・小さな音をつくってみましょう。

　「ありさんのおはなし」の各フレーズの最後にはピアノ伴奏に前打音の装飾が入ります。ここをありさんがお話ししているように「ピッピッ」と小さくささやいてみたり，舌先でTutu，指先で机を打つなど，身近な物などで工夫して小さな音をつくってみましょう。小さな音を聴くためにその部分だけ伴奏の音を抜いたり，曲全体を無伴奏にして歌っても良いでしょう。

◇手づくり楽器の音くらべ

ワーク6

・手づくり楽器の音を聴き比べましょう。

　ペットボトルや空き缶，牛乳パックなど筒状のものに小豆や大豆，小石などを入れ，振ったり，傾けたりして音を出します。素材が異なると出てくる音も違ってきます。ペットボトルはプラスチック，空き缶は金属，牛乳パックは紙でできています。何が入っているか，どんな入れ物なのか，音当てクイズもできるでしょう。音当てクイズをするときに，「このおとなんでしょう」（後藤礼子作詞，磯部俶作曲）の曲を歌いながら問いかけると，言葉で話しかけるだけよりも音楽的な雰囲気をつくることができます。以下の譜例は「このおとなんでしょう」のフレーズです。

📖 **参考文献**

井口太編『新・幼児の音楽教育』朝日出版社，2014年

大畑祥子編『保育内容 音楽表現〔第2版〕』建帛社，1991年

厚生労働省『保育所保育指針』2017年

シェーファー，マリーR. 今田匡彦訳『音さがしの本　リトル・サウンド・エデュケーション』春秋社，1998年

内閣府，文部科学省厚生労働省『幼保連携帯認定こども園教育・保育要領』2017年

文部科学省『幼稚園教育要領』2017年

文部科学省『小学校学習指導要領解説 音楽編』教育出版，2018年

Ilari, Beatriz & Sundara, Megha, "Music Listening Preferences in Early Life: Infants' Responses to Accompanied Versus Unaccompanied Singing," *Journal of Research in Music Education*, Vol. 56, No. 4 January, 357-369, 2009.

Sims, Wendy, "Effects of Free versus Directed Listening on Duration of Individual Music Listening by Prekindergarten Children," *Journal of Research in Music Education,* Vol. 53, No. 1, 78-86, 2005.

第 5 章

歌う活動について考えてみよう！

　子どもたちは，歌う活動を通して保育者や友だちと一緒に歌う楽しさを味わいます。子どもたちは日々の生活での体験や言語の発達に支えられて，次第に歌詞に込められている情景や心情を理解することもできるようにもなっていきます。

　ここでは，歌う活動に関するワークにも取り組みながら，保育者に求められる援助の在り方についての理解を深め，保育現場における歌う活動の実践力を培っていきましょう。

　保育現場の一日の流れの中には，朝の歌，お帰りの歌，季節の歌，遊び歌，行事の歌などの多くの歌が，日々の活動の中に組み込まれています。子どもたちは，保育者のピアノ伴奏に合わせて皆で歌うことに加え，園庭で遊んでいる時にも，歌の一節を鼻歌のように口ずさんでいることがあります。このように，子どもが「歌わない日は，ない」といっても決して過言ではありません。

1　子どもの発達と歌う活動

　新生児は誕生と同時に産声を発します。その後，**生後2ヵ月から3ヵ月頃**になると，しきりに声を発するようになります。この時期の子どもの声は，呼吸に伴う抑揚のようなものが付いています。その声に応えて母親が声を出すと，さらに子どもは母親の声に応えるかのように声を発することもあります。このように，声の応答が見られるようになるのです。

　おおむね1歳頃になると，聞こえてきた音楽に合わせて身体を揺らすようになります。また，声の抑揚には幅が出てきますから，まるでメロディーを口ずさんでいるかのように聞こえます。「おもちゃのチャチャチャ」の「チャチャチャ」の歌詞の部分だけを口ずさむというように，聞き覚えた馴染みのある歌のほんの一部分を歌う姿が見られることもあります。

　おおむね2歳頃になると，いくつかの歌の一部分または全部を歌えるようになりますが，歌詞は不明瞭で音程は不安定です。いわゆる調子はずれの歌ではあるのですが，これは言葉や発声器官の発達が未熟であるために起きることですから，発達が進むにつれて改善されていきます。

　おおむね3歳頃になると，言葉の獲得が進み，自分の思いを言葉で表現することができるようになり，友だちと遊びながら一緒に歌う姿も見られます。また，「歌いながらカスタネットでリズムを打つ」というような「歌いながら○○する」という活動ができるようになってきます。

　おおむね4歳頃になると声の音域がさらに広がっていきますから，メロディーやリズムの正確さが増してきます。また，歌詞の内容をイメージして歌うこともできますし，友だちと一緒に遊ぶ中で，即興的に歌を歌ったりすることも増えていきます。

　おおむね5歳〜6歳頃は，知的発達に伴っていろいろな歌をよく覚える時期です。歌うジャンルも子どもの歌ばかりではなく，歌謡曲やコマーシャルソングなどもよく覚えます。時には替え歌にすることもありますし，即興的に歌をつくることもあります。

　このように子どもの歌唱表現は，発声器官や言葉の発達，諸々の生活体験を通して培われる心身の成長に支えられて，次第に豊かになっていくのです。

2　歌う活動の意義とねらい

　子どもたちは，毎日，保育者や同じクラスの友だちと一緒に，様々な歌を歌っています。子どもたちが歌うのは，このように一斉に歌う時だけではありません。園庭の花を眺めている時，砂場で泥団子を丸めている時，積み木で遊んでいる時，絵を描いている時や絵本を手にしている時などにも，ふと歌の一節を歌い出すことがあります。このような時には，必ずしも曲全体を通して歌うとは限りません。好きなフレーズの一部分を反復して歌ったり，即興で歌詞やメロディを変化させて歌っていることもあります。このような時の子どもたちの様子を見ていると，とても生き生きとしており，穏やかで幸せそうな表情をしています。

　子どもが，一つの歌を覚えるまでの過程について考えてみましょう。子どもたちが歌を覚える過程は，言葉を覚えるのと同様に聞き覚えです。初めて聞く歌の場合，子どもたちはじっと聞いているだけですから，保育者だけが歌っているという状態になります。しかし毎日，保育者が歌っていると，子どもたちは覚えた部分を保育者と一緒に歌うようになっていきます。まずはフレーズの終わり部分や印象的な部分を覚え，次に他の部分も覚えていき，次第にメロディの輪郭が整えられていきます。さらに歌詞も覚え，リズムを再現し，最後に音程が整っていきます。このように，子どもたちは保育者の声を聞いて少しずつ覚えていき，次第に曲全体を通して歌えるようになっていくのです。

　ピアノが苦手な保育者は，どうしても伴奏を弾くことに気をとられがちになりますから，ついつい歌声が小声になってしまいがちです。そうすると，歌詞が聴き取りにくくなってしまいます。子どもたちは保育者の歌声を聴き，模倣することによって歌を覚えていくのですから，子どもたちが歌を覚えるためには，保育者が声をしっかり出して歌うことがとても大切なのです。

　歌う活動の意義とねらいには，主に以下のことが挙げられます。
① 　歌声は身体の中から生まれてきます。歌う活動では，歌にのせて声を発する心地よさを味わう機会を子どもたちにもたらします。
② 　歌は歌詞の一音一音をメロディーにのせて発音していきます。会話よりも一音ずつを丁寧に発音していくことができます。したがって歌う活動では，歌うことを楽しみながら構音を整えていくといった言語発達を促すことに繋がります。
③ 　歌詞には様々な情景や心情が込められています。歌うことを通して，子どもたちの情操を育むための働きかけができます。
④ 　歌は，いつでも，どこでも歌うことができます。飼育している小動物の様子を見ている時，ブランコを揺らしている時など，あらゆる場面で歌うことができます。歌を口ずさ

むひと時を大切にすることは，子どもに解放感をもたらします。

⑤　集団で歌う時，子どもは「皆と一緒に」ということを意識します。歌う活動では，集団の中の一員としての自分を意識するようになるとともに，友達との一体感を味わう機会にもなるのです。

🌸 **3　子どもの歌の歴史**

　日本の子どもの歌の歴史を「わらべうた」「唱歌」「童謡」「新しい子どもの歌」の４つに大別し，概観してみましょう。

　わらべうたは子どもの遊びのための歌です。子どもたちによって歌い継がれてきた遊び歌で，同じ歌であっても地方によって歌詞，旋律や遊び方が少し異なっていることがあります。旋律は五音音階でできており，２音や３音だけで歌われるものもあります。わらべうたは言葉の抑揚やリズムと深く結びついており，その多くは２拍子系で明確なビート感があります。歌に合わせて手や身体を動かしながら，唱えるように歌われるのも，わらべうたの特徴です。代表的なものとしては，「なべなべそこぬけ」「あぶくたった」「おせんべやけたかな」「ずいずいずっころばし」「ぼうがいっぽんあったとさ」「あんたがたどこさ」「げんこつやまのたぬきさん」「はないちもんめ」「かごめかごめ」「通りゃんせ」「いちにのさん」「いもむしごろごろ」「にらめっこ」「お寺の和尚さん」などがあります。

　わらべうたの多くは，いつ，誰によってつくられたのかは不明ですが，多種多様なわらべうたが存在しています。一人で歌いながら遊べる歌もありますし，２人組や集団で遊ぶものもあります。わらべうたは世代を超えて歌い継がれてきており，今でも私たちの生活の中でしっかりと生き続けています。

　次に，唱歌の誕生について述べていくことにします。1872（明治5）年に学制が公布される前は，公教育としての音楽教育は実施されていませんでした。1879（明治12）年に文部省直轄の音楽教育・研究機関として音楽取調掛が設置され，教材作成や指導者の養成などを行い，公教育としての音楽教育の推進に大きな影響を及ぼしました。多くの唱歌集を発行しましたが，初期に発表された唱歌は歌詞が文語体であったため，歌詞が難解だという批判を受けるようになりました。これが「言文一致運動」です。1900（明治33）年から1902年にかけて言文一致唱歌「幼年唱歌」が出版されました。書きことば専用の文語体の歌詞を廃し，子どもの話しことばに近い口語体の歌いやすい歌詞が付けられるようになりました。

　童謡は，大正時代に誕生しました。第一次世界大戦終結後には，世界的な民主主義の風潮が起きました。日本でも明治の国家主義的色彩の強い学校唱歌に対する疑問が生まれ，その音楽的側面にも満足できなくなってきました。1918（大正7）年，鈴木三重吉は北原白秋らとともに，

児童文学雑誌『赤い鳥』を刊行しました。鈴木三重吉は，次のように述べています。「この頃の子供のうたってゐる唱歌は，大部分功利的な目的を持って作られた散文的で無味乾燥な歌ばかりであって寒心に堪へない。私たちはもっと芸術味の豊かな，即ち子供等の美しい空想や純な情緒を傷つけないで，これを優しく育むやうな歌と曲とを彼等に与へてやりたい。で，私の雑誌ではかうした歌に『童話』に対する『童謡』といふ名を附けて載せてゆくつもりだ。」（『西条八十全集』第14巻より）これが童謡の始まりです。おもな詩人には北原白秋，西條八十らがおり，作曲家には成田為三，弘田龍太郎，山田耕筰らがいました。『赤い鳥』から生まれたおもな童謡には，「赤い鳥小鳥」「夕焼小焼」「春よ来い」「どんぐりころころ」「雨」などがあります。『赤い鳥』は，休刊を挟んで1922（大正11）年10月まで，全196号が発行されました。一方，『金の星』は『赤い鳥』の芸術至上主義に対し，読者である子どもたちの興味や関心を主眼とし，野口雨情，若山牧水らが誌上に童謡を発表しました。活躍した作曲家には，本居長世，中山晋平，弘田龍太郎らがいます。『金の星』から生まれたおもな童謡には，「七つの子」「青い目の人形」「シャボン玉」「證誠寺の狸囃子」などがあります。『金の星』は，のちに『少年少女金の星』と雑誌名を変え，1929（昭和4）年に終刊しました。

　新しい子どもの歌は，第二次世界大戦後に誕生しました。レコード，ラジオやテレビの放送メディアを通して，新しい傾向の子どもの歌が次々に生まれていきました。1949（昭和24）年に始まったNHKラジオの「うたのおばさん」は，生放送で幼児の好きな歌を7曲ほど歌い，曲の間をお話でつないでいきました。ラジオで放送されたことによって，一挙に子どもの歌が国民的な歌として歌われるようになりました。「うたのおばさん」に携わった人たちは，「童謡」という言葉を一切用いず，「新しい子どものうた」「幼児歌曲」などと呼びました。1953（昭和28）年にNHKテレビの本放送が開始されると，ラジオに代わってテレビが茶の間の主役になっていきました。NHKの「おかあさんといっしょ」などのテレビ番組や民放の子ども向け番組でも，多くの新しい子どもの歌が発表されるようになりました。

4　歌う活動の実践

　保育者の声は，自分が思っている以上に，子どもたちに多くを語りかけているものです。話す内容だけでなく，保育者の声そのもの（暖かみがある声なのか，柔らかくて心地よい声なのか，とがった声なのか，等）が子どもの心に響いていくのです。ですから，話す時はもちろんのこと，歌う時にも自分がどのような声を出しているのかに気を付けることが大切です。

　子どもは，保育者の歌声を聴き，模倣して歌うことによって歌を覚えていきます。ですから，保育者自身が歌詞をよく味わい，曲想にも目を向けた歌い方を心がけましょう。保育現場での歌う活動の中から，本章では，わらべうた遊びの楽しさを味わうこと，手話や踊りなどの身体

の動きを通して歌を味わうこと，歌に込められた情景や心情を味わうことを取り上げます。様々な歌う活動に取り組みながら援助の方法について考え，保育者に求められる実践力を培っていきましょう。

(1) わらべうたの楽しさを味わう

　わらべうたを歌う時は，拍にのって唱えるような歌い方を心がけてみましょう。わらべうたは，異年齢の子どもが一緒になって遊ぶこともできます。わらべうたの遊びを体験しながら，子どもたちと遊ぶ時の言葉がけや配慮について考えてみましょう。

❖ **楽譜1　身体遊び**

（遊び方）
①　2人で向かい合って両手をつなぎます。
②　その手を左右に振りながら歌います。
③　「かえりましょ」で一方の手を離し，もう一方の手はつないだまま上にあげ，その下を上手くくぐって背中合わせになります。
④　そのまま歌を繰り返し，また元に戻りましょう。

❖ **楽譜2　手遊び**

（遊び方）

① 5，6人で輪になり，両方の手のひらを下にして，輪の中心に差し出します。

② 鬼は歌いながら，右手の人差し指で皆の手の甲を順に指していきます。

③ 「やけたかな」の「な」の所で指された人が，その手を裏返します。

④ さらに当たったら，おせんべいに見立てた手を引っ込める前に，食べる真似をしてから引っ込めます。

❖ **楽譜3　手遊び**

ずいずいずっころばし

わらべうた

（遊び方）

① 5，6人で輪になり，両手で握りこぶしをつくり前へ出します。

② 鬼は歌いながら右手人差し指で，握りこぶしの真中に指を入れて順にさしていきます。

③ 最後に当たった握りこぶしは引っ込めます。これを繰り返し，最後まで握りこぶしが残った人が，次の鬼になります。

68

❖ **楽譜4** 絵かき歌

ぼうがいっぽんあったとさ

わらべうた

（遊び方）

①ぼうがいっぽん
　あったとさ

②はっぱかな

③はっぱじゃないよ
　かえるだよ

④かえるじゃないよ
　あひるだよ

⑤ろくがつむいかの
　さんかんび

⑥あめ　ざあざあ
　ふってきて

⑦さんかくじょうぎに

⑧ひびいって

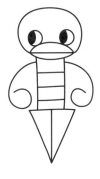

⑨あんぱん　ふたつ

⑩まめ　みっつ

⑪こっぺぱん　ふたつ
　くださいな

⑫あっというまに
　かわいいコックさん

❖ **楽譜5** 鬼遊び

あぶくたった

わらべうた

あ　ぶ　く　たっ　た　　に　え　たっ　た

に　え　た　か　ど　う　だ　か　た　べ　て　み　よう

む　しゃ　む　しゃ　む　しゃ　　{ま　だ　に　え　ない / も　う　に　え　た}

（遊び方）

① 皆で輪になり，手をつないで歌いながら歩きます。この時，鬼は輪の中に座ります。

② 鬼に近づき，「むしゃむしゃ」で食べるまねをします。

③ 「まだにえない」で，もとの輪の大きさに戻ります。もう一回，歌を繰り返します。

④ 「もうにえた」で鬼を輪の外につれて行き,「戸棚にしまっておこう」としゃがませます。

（ここからは，せりふのやりとりになります）

⑤ 鬼　　：「トントントン」

一同：「何の音？」

鬼　　：「風の音」（何の音でもよい。アドリブで変えていく）

⑥ ⑤を繰り返す

⑦ 鬼　　：「トントントン」

一同：「何の音？」

鬼　　：「おばけ」

一同：「キャーッ」

最後に鬼が「おばけ!!」などと怖いものを言ったら，一同は逃げ出し，鬼は追いかけます。鬼に捕まったら，次はその人が鬼になり，遊びが繰り返されていきます。

⑵　身体の動きを通して歌を味わう

歌詞を手話で表現したり，歌に合わせてリズミカルに踊ったり,あるいは指人形やペープサート等の小道具を用いたりしながら歌を味わってみましょう。ワークに取り組みながら，保育者としての留意点についても意見を述べ合ってみましょう。

ワーク1

・「ともだちになるために！」の歌詞を，手話で表現しながら歌ってみましょう。

❖ **楽譜6**

ともだちになるために！

作詞：新沢　としひこ
作曲：中川　ひろたか

ワーク2

・身体表現をしながら歌ってみましょう。

　きのこには，いろいろな種類があります。身体の動きを工夫し，個性的なきのこを表現しながら歌ってみましょう。

❖ 楽譜7

きのこ

作詞：まど・みちお
作曲：くらかけ　昭二

♩≒108 ぐらい　はずんで

1.2. き　き　きのこ　き　き　きのこ

{ ノ コ ノ コ　ノ コ ノ コ　あ る い た り　し な い
　ニョ キ ニョ キ　ニョ キ ニョ キ　う で なん か　だ さ ない }

き　き　きのこ　き　き　きのこ

{ ノ コ ノ コ　あ る い た り　し な い け ど
　ニョ キ ニョ キ　う で なん か　だ さ な い が }

ぎ ん の　あ め あ め　ふっ た ら ば

{ せ い が　の び て く　る る る る　る る る る
　か さ が　お お き く　な る な る　な る な る }

い き て る　い き て る　い き て る

い き て る　き　の　こ　は　い き て る ん だ ね

ワーク3

・保育教材を使いながら歌ってみましょう。

保育教材には指人形，ペープサート，パネルシアター，エプロンシアターなどがあります。歌にあわせて，様々な保育教材を活用してみましょう。また，実演することを通して，保育教材を用いながら歌う時の保育者の留意点について話し合ってみましょう。

❖ 楽譜8

おはなしゆびさん

作詞：香山 美子
作曲：湯山 昭

（遊び方）

① パパ，ママなど，家族の声の特徴を表現しながら歌ってみましょう。

② 手袋を使って小道具を用意してみましょう。歌がいっそう楽しくなります。歌詞に出てくる家族の人形を作り，軍手と人形にマジックテープを付けておきます。歌いながら，タイミングよく人形を登場させ，声と人形の動きを工夫して表情豊かに歌ってみましょう。

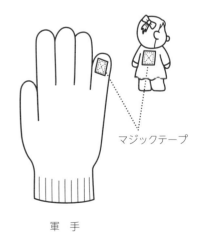

マジックテープ

軍 手

(3) 歌の情景や心情を味わう

　ワークに取り組みながら歌詞や曲想を味わい，歌に描かれている情景や心情について考えてみましょう。

ワーク4

・行事の歌について調べてみましょう。

　「ひな祭り」は，日本の伝統的な行事です。「ひな祭り」の行事について，子どもたちにどのように説明するのかを考えてみましょう。また，卒園式に向けた準備の中で，子どもたちに対してどのようなお話をしますか。「さよならぼくたちのほいくえん（ようちえん）」の歌を通して，子どもたちに伝えたいメッセージを考えてみましょう。

❖ 楽譜9

うれしいひなまつり

作詞：サトウハチロー
作曲：河村　光陽

❖ **楽譜10**

さよならぼくたちのほいくえん（ようちえん）

作詞：新沢　としひこ
作曲：島筒　英夫
編曲：早川　史郎

ワーク5

・強弱記号や拍子感を大切にしながら，曲想豊かに歌ってみましょう。

　伴奏を弾きながら歌うと，ついついピアノを弾くことに気をとられてしまい，曲想を付けるのがおろそかになりがちです。弾く前に楽譜に書かれている強弱記号をしっかり把握し，歌詞に描かれている情景を思い描いてから弾いてみましょう。また，自分の歌声がピアノ伴奏にかき消されていないか，音量バランスにも気をつけてみましょう。

❖ **楽譜11**

めだかの学校

作詞：茶木　　滋
作曲：中田　喜直

❖ **楽譜12**

山のワルツ

作詞：香山　美子
作曲：湯山　昭

　この歌は，思わず身体を左右に揺らしながら歌いたくなるような曲です。この歌に描かれている幼稚園の様子を思い描いてみましょう。また，3拍子の子どもの歌は，とても少ないです。他に，どのような歌があるのかについても調べてみましょう。

📖 **参考文献**

石井玲子編著『実践しながら学ぶ子どもの音楽表現』保育出版社，2009年
神原雅之・鈴木恵津子編著『幼児のための音楽教育』教育芸術社，2010年
全国大学音楽教育学会編著『明日へと歌い継ぐ日本の子どもの歌―唱歌童謡140年の歩み―』音楽之友社，
　2014年
文部科学省『幼稚園教育要領』2017年
厚生労働省『保育所保育指針』2017年
内閣府・文部科学省・厚生労働省『幼保連携型認定こども園教育・保育要領』2017年

第6章

動く活動について考えてみよう！

第2章・3章では，手あそび・歌あそびをとおして音楽の要素について様々な体験をしてみました。表現における動く活動は，聴こえてくる音楽（聴覚）を身体の中に取り入れ，頭脳（知覚）が反応し運動神経（筋覚）に伝わり，五感を通して筋肉が動き身体表現をすることだと考えます。このことはスイスの音楽教育家であるダルクローズが考案したリトミックとして，現在も多くの保育現場で行われています。

　ここではダルクローズのリトミックの理念を基に，動く活動について考えてみましょう。

1　子どもの発達と動く活動

2　動く活動の意義とねらい

3　ダルクローズのリトミックについて

⑴　感じる・表現する力を育むリトミック

⑵　リトミックの活動内容

4　動く活動の実践

⑴　身体表現の体験

⑵　音楽を使った動く活動

1 子どもの発達と動く活動

　乳幼児期における動く活動には,「歩く」「走る」「転がる」「揺れる」「跳ぶ」などがあります。身体がいちじるしく発達するこの時期に運動機能が急速に発達するため, 活動能力も高まり, いろいろなことに取り組めるようになります。動く活動は, 子どもたちの運動機能はもとより心身や音楽的能力の発達育成にとって大切な活動です。

　乳児期の動きは, 手足をバタつかせる反射運動や自発運動など, 自然に生まれる動きから, 徐々に寝返りや腹ばい, 四つんばい, 四つんばいでの移動による全身の動きが始まります。

　10ヵ月頃になるとリズミカルな動きや音に反応するようになり, 音楽を全身で感じ, 体得しようとする興味や好奇心がでてきます。

　おおむね1歳～2歳頃には, 伝い歩きからひとりでの歩行が始まり, 両足跳びは不安定ながらも走ることができるようになります。

　この時期は, 身体発達よりも運動機能の発達がいちじるしく, 様々なことに関心を持ち, 転がる, くぐる, 上る, おりる等の動きも意欲的に行う姿が見られるようになります。

　おおむね3歳頃には, 運動機能も発達し,「歩く」「走る」「跳ぶ」などの自分の思い通りにからだを動かすことや簡単な音楽的な要素「強弱」「遅速」を感じることもできます。

　また, リズムがはっきりとした音楽に合わせて歩いたり, 走ったりすることもできるようになり, ギャロップなどのリズムの聴き分けもできるようになります。

　思うようにならず知覚と行動にずれが見られるときもありますが, 強引にせずに自由に好きなようにさせ, 徐々にできるようになるのを待ちましょう。

　おおむね4歳頃の動きには,全身のバランスをとる能力が発達し,「片足跳び」や「スキップ」などや手と足を同時に使った動きや遊び, 音楽の感じ方もさらに深まっていきます。また, 音楽に合わせてリズミカルな反応ができるようになり, 友だちを見ながら意欲的に活動に取り組めるようになります。

　おおむね5歳～6歳頃には, 基本的な生活習慣が身につき, 運動機能はますます伸び, スキップやギャロップなど全身運動を使っての基礎的な運動がほぼこなせるようになります。音楽への理解も深まり,「音の強弱」や「テンポの遅速」「音の高低」など, 音楽的能力が豊かに芽生える時期となります。

子どもの発達と動く活動の関係性について

［0～1歳未満児］

聴 覚

・人の声の判別「聞こえる」と感じていた耳はいろいろな刺激を受けて「聞き分ける」ことができるようになります。音の区別もでき，音と共に声も出し始めます。
・聞こえてくる音に興味をもって反応します。

認 識　視 覚

・光に反射する状態から，母親を目で追うようになり，目を使うことを学びます。生後3ヵ月になるまでには，あらゆる色を認識するようになります。物を目で追ったり，全方向への追視ができるようになります。指をさした方向を見ることができます。
・落とした物や目の前にあったものを隠されたりするとそれを探したりします。

身 体　運 動

・仰向けで寝ていることから始まり，手と手，足と足を合わせ動かすことができるようになります。
・物を手でつかめるようになり，うつぶせの状態で，手のひらで身体を支えることができ，手を伸ばし何かをつかもうとしたりします。
・はう，つかまり立ちができるようになり，一人で立つこともできるようになります。また，個人差はありますが少しずつ歩行が始まります。

［1～2歳未満児］

聴 覚

・人の声に振り向いて，指示に従えるようになります。
・言葉を理解できるようになり，自分の意志や欲求を言葉で表出できるようになります。

認 識　視 覚

・物を見る目は大人と同じようになり，大小・長短・多少等の認識ができるようになります。
・一定の事物と音声が結びつきます。

身 体　運 動

・少しずつ歩行が始まります。
・日常生活の中で，登る，降りる，くぐる，転がるの動作が加わり，探索行動→興味ある行動の模倣が始まります。走ったり，止まったりのコントロールができるようになります。

［2〜3歳未満児］

聴　覚

・遊びの中で友だちの声を聴き，必要なことばがつかえるようになります。
・速い→遅い，高い→低い，の違いを聞き取り，動きの調整ができるようになります。

認　識　視　覚

・少しずつ，1・2・3・4と数え始めます。
・物を見る目は大人と同じようになり，大小・長短・多少などの認識ができるようになります。

身　体　運　動

・歩く・走る・跳ぶなどの基本的な運動機能が発達します。
・つま先立ちや両足跳びが少しずつできるようになります。
・簡単な手遊びをお母さんや先生と一緒にできるようになります。

［3〜4歳未満児］

聴　覚

・音の高さを聞き分けることができるようになってきます。
・遊びの中で友だちの声を聴き，必要なことばがつかえるようになります。
・音楽を聴いて音楽に合わせて動けるようになります。

認　識　視　覚

・1〜5まで1つずつ数えることができます。「3」までが理解でき，「4」の意味を理解し始めます。1〜10まで数える子どもも増えてきます。
・同じものと違うものが目でみて分かるようになります。

身　体　運　動

・手あそびや歌あそびをお母さんや友達と一緒に楽しんでできるようになります。
・ボールを転がしたり，受け取ったりできます。
・三輪車を足でこいで乗れるようになります。

[4〜5歳未満児]

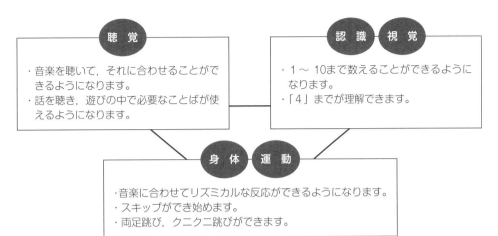

[5〜6歳未満児]

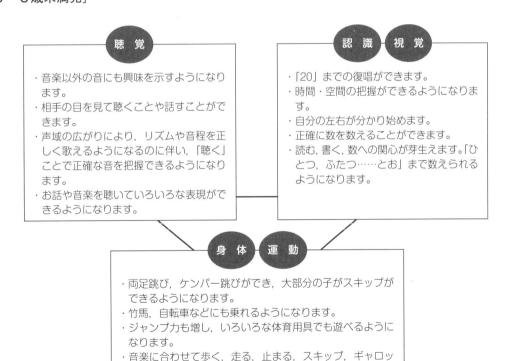

✳ **2 動く活動の意義とねらい**

　子どもたちが，毎日の生活を送る中で，普通にそして何気なくやっていることが「動き」です。身体を揺らしながら歌ったり，手拍子をしながら歌ったり歩いたり，音楽を聴きながら飛び跳ねたり，子どもたちの活動には常に動きが伴っています。また，子どもたちは，日常生活の中で音楽を聴きながら自然に動くことを楽しむようになります。

　動く活動では以下のことが活動の意義とねらいとして挙げられます。

① 乳幼児の子どもは手と手，足と足を合わせる動きから始まり，音楽を聴き，身体をゆすってリズミカルな反応をするようになります。このように，聴くことから自然に身体が反応して動く方法です。

② 音楽を聴いて踊るようなしぐさを自然な中で行います。また，歌いながらイメージをもって動作をつけ，様々な表現ができるようになります。

③ 動く活動を通して，一定の呼吸やビートを感じることで音楽への理解が深まり，音楽による心地良さを感じることができます。

④ 友だちと一緒に動いたり，友だちの動きに見合ったりする経験を通して社会性が育ち，自己達成感を味わうことができます。

⑤ 子どもたちは，いつの間にか「速い・遅い」「強い・弱い」「高い・低い」を覚え，音楽のイメージを膨らませ想像性を高めたり，思いついた身体表現で即興的に動いたりしながら創造性を育むことができます。

⑥ 動く活動では，何かになりきって，走ったり跳んだり歩いたり，身体を通して表現することができます。

　子どもたちの動く活動は，生活の中で自然に思うままに出てくる動きで，子どもたちの自然な姿を引き出すうえでとても重要な活動です。

　特定の表現技能を身につけさせる偏った指導を行うのではなく，表現することの楽しさを子どもたちに実感させた「動く」活動であることが望まれます。

3 ダルクローズのリトミックについて

　リトミック教育の創始者であるスイスの作曲家，エミール・ジャック＝ダルクローズ（1865～1950）は，幼い頃から自分の感じ取ったことを作曲したり，自由に思うままに即興演奏で表現したり，7歳で初めての作曲をするなど早くから音楽の才能を示しました。

　ジュネーブ音楽院で教鞭を執りながら，「音楽を聴き取り，感じ取る」ことに無関心である学生たちの感受性を養い，表現力をつけ，創造性を豊かにしたいという考えからリトミックを考案しました。日本の幼児教育では，1925（大正14）年リトミック研究者・幼児教育研究家の小林宗作（1893～1963）により取り入れられてから，今でも多くの保育現場で行われています。

　リトミックとは，音楽と身体の動きを一致させるダルクローズの独自の教育システムです。音楽に合わせて身体を動かすことによって，集中力や思考力を養い，創造力や表現力を引き出そうとするメソードです。お遊戯やダンスのようにあらかじめ決められた動きを記憶し繰り返すのではなく，音楽を聴いて自分の判断で即時に動き，音楽に反応していきます。リトミックの動きや遊びは様々で，ダルクローズの理念を基に音や音楽のイメージを耳で聴いて表現する活動を具現化することで，様々な角度から音楽を感じることを目的としています。

　リトミックは，①ソルフェージュ（聴覚訓練），②リズム運動（身体運動訓練），③即興演奏の3つの部門から構成されています。音楽のタイミングのみをステップする練習がリトミックの始まりでしたが，時間・空間・エネルギーの要素の組み合わせを用いて，全身で表現するメソードと発展していきました。これらの活動を通してリズム感や音感だけでなく集中力，反射神経，創造性，協調性・コミュニケーション能力などが育成されていくと言われています。幼児期は，リズム感や絶対音感を養うためには重要な時期です。リトミックのように全身を用いて音あそびを行うことは，これらの感覚を養うのに非常に有効であると考えられます。

(1) 感じる・表現する力を育むリトミック

　音楽教育は「知る」ことではなく，音楽と喜びを共にし「参加すること」「実行すること」に意義があります。この点においてダルクローズの考案したリトミックは，音楽に反応して身体を動かすことで「感じる心」「想像力」「創造力」を育てることを狙いとしており，「聴く」「歌う」「奏でる」「つくる」活動の全ての活動にも通じています。

図6－1　音楽が身体表現される過程

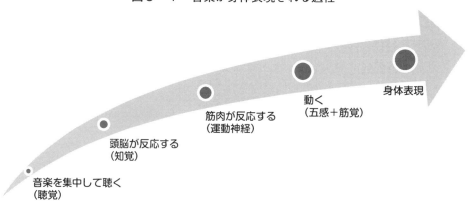

リトミックは目に見えない音楽を，身体表現を通して可視化することができます。身体表現するにあたっては、まずは音楽を集中して聴くことが大切です。集中して聴くことで頭と心が反応し，音楽のニュアンスを感じ取ることができます。そこで感じ取ったものは感情となって筋肉へ伝わり，身体表現となって表出します。リトミック教育の目的は，聴こえてくる音楽に身体が即時反応することを通して，音楽の要素に気づくセンスを身につけることです。幼児のリトミックにおいては，即時反応の練習を繰り返し行うことで，結果的に集中力や表現力が養われることにもつながります。また，保育者や友だちと一緒に音楽を通して自然な形でコミュニケーションをとることができます。

リトミックの3要素は，テンポとダイナミクスと空間です。これらの要素が組み合わさることによって，さまざまなニュアンスを音楽表現することができます。例えばリズムを理解する中で，音を2次元で数学的にとらえるのではなく，ダイナミクスや空間を意識することでより音楽的なものにしましょう。

リトミックを行うにあたっての留意点

- 動きやすい服装で，できれば裸足になって足の裏の感覚にも留意しましょう。
- 常に保育者がリーダーではなく，時には子どもたちがリーダーとなって活動を展開しましょう。
- 季節感や子どもたちの興味・関心に配慮し，実際の動物を観察して動きを模倣することや，絵本を使った活動を取り入れるなどの工夫をしてみましょう。
- 緊張と弛緩の組み合わせはとても大切です。ひとつの活動を長時間続けるよりも，活動内容を工夫して気分転換をしながら，集中力を高めましょう。
- 即時反応においては，ピアノのリズムに合わせて動作をします。合図のかけるタイミングに気をつけて，子どもの動きに合わせて弾くことを心掛けましょう。
- ピアノが苦手な人は巻末のコード表を参考にして，まずはいろいろな音域でリズムを刻む練習をしてみましょう。ピアノは，高い音・低い音・強い音・弱い音も出せます。グリッ

サンド・トリルなどは，合図の音としても使えます。

(2)　リトミックの活動内容

　第2章では手あそび・歌あそびを使って，音楽の要素を体験しました。ここではダルクローズのリトミックの視点から，活動内容の応用の仕方や展開について考えてみましょう。

①拍子（ビート）について

　私たちが聴いている音楽には，「拍（ビート）」があります。ただし，音楽の中には「声明」や「グレゴリオ聖歌」などビートをもたない音楽も存在します。音楽における拍は，人間の脈拍と同様に基本的には一定のテンポを保って規則的に時を刻みます。

ワーク1

- 言葉をビートに置き換えて体の部位を言いながら，一定のテンポを刻んでみましょう。
  - 「ひざ・ひざ…」⇨「あたま・あたま…」⇨「おなか・おなか…」と言いながら，一定のビートでいろいろな身体の部位を叩きましょう。
  - 身体の部位を動物や物に替えて，一定のビートで模倣動作をしてみましょう。
  - 模倣動作や想像動作で経験したビート感を，音楽に合わせて手拍子や身近な楽器で表現してみましょう。

②音の強弱について

　ダルクローズのリトミックでは，強弱のことをダイナミクスといいます。強い音・弱い音・大きな音・小さな音・だんだん強く・だんだん小さくなど，音楽のニュアンスを生み出すためにとても大切な要素です。強弱の変化の対比とニュアンスを表現することで，より豊かな音楽表現につながります。

ワーク2

- 音の強弱を表現してみましょう。
  - 「おおきなたいこ」を歌いながら，空間を意識して音の強弱を身体表現してみましょう。
    （p.115奏でる活動の実践参照）
  - 風船がふくらむ様子をイメージして，「だんだん大きく」や「だんだん小さく」を身体表現してみましょう。

③テンポの遅速について

　速いテンポの場合，軽やかに小さな空間での動きと，激しく大きな空間での動きでは，同じテンポでも音楽のニュアンスは全く異なったものになります。遅いテンポの場合でも，重々しく音をたてて動く，そっと音をたてないようにして動くなど，ダイナミクスの空間の関係を組み合わせることで，さまざまなニュアンスを生み出せます。

ワーク３

・10人くらいのグループで，先生役と子ども役になって即時反応の活動をしてみましょう。

きらきらぼし

　最初は動かずにどのような速さかを聴く ⇨「どうぞ」の合図で音楽に合わせて自由に動く ⇨音楽が止まったらストップ ⇨ 音楽が鳴り始めたら再び歩き始める。慣れてきたら音楽の途中で止めるなどして，集中力を保つように工夫しましょう。　（　）内は，ピアノを使った場合の弾き方を示す。

【歩く】　♩ = 120
（音域は中音部を使って4分音符で弾く）

ひざを上げてしっかり歩く

【かけ足】　♪ = 240
（音域は高音部を使って8分音符で弾く）

かかとをあげて軽やかに走る

【ゆっくり歩く】　♩ = 60
（音域は低音部を使って2分音符で弾く）

ひざを深く曲げてゆっくり歩く

④音の高低について

　乳幼児の場合，音の高低に対する概念がまだ確かではありません。そこで高音域の音に対しては，高いところを飛ぶ鳥や夜空に輝く星などをイメージして，背伸びをしてみましょう。反対に，低音域の音に対しては，身体を縮めて身体表現することで音の高低を感じましょう。

ワーク 4

・高い音と低い音を聴き分けて身体表現をしましょう。

❖　譜例 1

♪高い音の時は大きな木を想像して
　高く手を上げましょう。（譜例 1 ）

❖　譜例 2

♪低い音の時は小さな木を想像して
　すわって小さな木になりましょう。（譜例 2 ）
　低く手を下げましょう。

❖　譜例 3

♪高い音を聴いたらジャンプしましょう。

♪低い音を聴いたら床に座りましょう。（譜例 3 ）

⑤拍子について

　拍に規則的なアクセント（強拍）を加えることで，「拍子」が生まれます。拍子には単純拍子（2拍子・3拍子・4拍子），複合拍子（8分の6拍子・8分の9拍子・8分の12拍子など），変拍子（拍子など）があります。

ワーク5

・ビートを感じることができたら，一定の間隔でアクセントを入れてみましょう。

　・日常的な動作や言葉に置き換えて，いろいろな拍子を感じてみましょう。

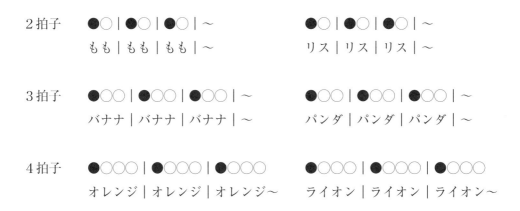

2拍子	●○｜●○｜●○｜〜		●○｜●○｜●○｜〜
	もも｜もも｜もも｜〜		リス｜リス｜リス｜〜

3拍子	●○○｜●○○｜●○○｜〜		●○○｜●○○｜●○○｜〜
	バナナ｜バナナ｜バナナ｜〜		パンダ｜パンダ｜パンダ｜〜

4拍子	●○○○｜●○○○｜●○○○		●○○○｜●○○○｜●○○○
	オレンジ｜オレンジ｜オレンジ〜		ライオン｜ライオン｜ライオン〜

・拍子を感じることができたら，「きらきらぼし」に合わせて2人で手合わせをしましょう。
　【2拍子】の「きらきらぼし」

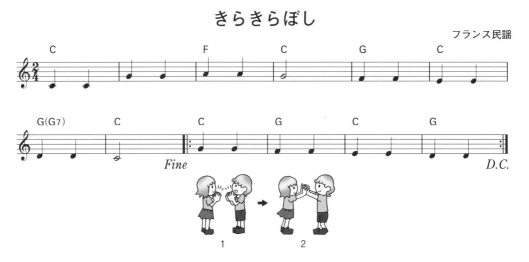

きらきらぼし

フランス民謡

【3拍子】の「きらきらぼし」

【4拍子】の「きらきらぼし」

・「ぞうさん」，3拍子を感じましょう。

ぞうさん

作詞：まど・みちお
作曲：團　伊玖磨

・2人組になって向かいあって座り，1小節ごとにボールを転がしながら「ぞうさん」を歌いましょう。

⑥リズムとリズム・パターンについて

　「リズム」は「旋律」「ハーモニー」と並んで，音楽の3要素とされています。4分音符・8分音符・2分音符・16分音符・全音符・付点音符などの異なる基本的なリズムが連なって小さなモチーフができ，リズム・パターンとなります。リズム・パターンはおおむね2小節からなっています。

ワーク6

・音楽を聴いて，スキップのリズムを感じましょう。
・「おつかいありさん」を聴いて，スキップのリズムを感じましょう。
　・2拍子のリズムにのって，ビートを手拍子しながら歌いましょう。
　・歌に合わせてスキップのリズムを手拍子してみましょう。

おつかいありさん

作詞：関根　栄一
作曲：團　伊玖磨

あんまりいそいでこっつんこ
ありさんとありさんとこっつんこ
あっちいってちょんちょんこっちきてちょん

スキップのリズムを手拍子　　　　　　スキップのリズムを動く

⑦フレーズと形式について

　「フレーズ」は文章における言葉のまとまりのことで，短いものもあれば長いものもあります。音楽を文章に例えると，文章に「，」を打つことで伝えたいことの意味が分かりやすくなることに類似しています。フレーズのとり方によって，音楽の伝わり方が異なってきます。

　「形式」は，いくつかのフレーズが組み合わさることで大きなまとまりができ，音楽の構造を生み出します。

ワーク7

・「ぶんぶんぶん」の曲で，フレーズと形式を感じましょう。

Ⓐ…ぶんぶんぶん　はちがとぶ

Ⓑ…おいけのまわりに　のばらがさいたよ

Ⓒ…ぶんぶんぶん　はちがとぶ

　「ぶんぶんぶん」は，3つの大きなまとまりで出来ているので，三部形式になります。形式には他にも，二部形式やロンド形式などがあります。

4 動く活動の実践

(1) 身体表現の体験

　音楽を聞きながら，自分の思うままに体を動かしてみましょう。まずは，周りを気にせずに思いっきり動くことで，心身の開放を諮りましょう。心身が解放されると，自分の感じたことや考えたたことを誰かに伝えてみましょう。

　ワーク1

・リズミカルな音楽をかけて，自由に身体を動かしてみましょう。

　動きを引き出す音楽の参考CD ／ GUEM Et Zaka-Best of Percussion

・テーマに沿った動きを友だちと考えてみましょう。

　ウォーミングアップダンス

身体のいろいろなところをちょっとずつ動かしてみましょう。
座っていても，立っていてもかまいません。まずは，頭だけを動かすダンスをしましょう。次に肩も動かしてみましょう。一つずつ動かす部分を増やして足まで全部動いたら，今度は一つずつ動かさない部分を増やして，最初の姿勢に戻りましょう。

　まねっこあそび

2人組でどちらかが鏡になり，相手のすることをまねしてみましょう。
上下・左右・前後・斜めなどいろいろな動きをしてみましょう。

　ひものかたちダンス

なわとびやひもで，床の上に簡単な形をつくります。その形を見て，自分の身体で同じ形をつくってみましょう。誰かと一緒につくってもかまいません。

スパゲッティーゆでゆでダンス

床に横になり，身体をピイとまっすぐに伸ばします。
スパゲッティーになったつもりで動いてみましょう。
ぐつぐつわいたお湯の中に，入れられます。くるくる転がされ，
身体がだんだんやわらかくなってきました。茹で上がるとお湯
を切られ，バターやソースがからめられます。さぁ，どんなス
パゲッティーができたかな？

スカーフダンス

スカーフを空中に投げて，ふわふわとゆっくり落ちてくる様子をまねしてみ
ましょう。
今度は，スカーフを頭にのせて踊ってみましょう。
ふわふわとやわらかい動きはどうしたらできるかな？

身体の彫刻

２人組になって，どちらかが彫刻家になります。
立っても，座っても，寝転んでもかまいません。彫刻家になった人は，
相手の身体をいろいろな形に動かしていきます。身体をまげたり，
ひねったり，持ち上げたりして素敵な作品をつくってみましょう。

おもしろ歩き

はじめは普通に歩いてみましょう。
つぎに，背伸びをしたり，両手を広げてしゃがんだり，すり足で，かかとで，
などいろいろ工夫して歩いてみましょう。おもしろい歩き方を見つけたら，
その歩き方で，前後・左右・まわりながら，ゆっくり歩いたり，速く歩い
たりしてみましょう。

⑵　音楽を使った動く活動

❋　0～1歳未満児

　自立歩行が難しいこの時期は，抱っこや膝の上に載せて保育者が声掛けをしながら，一定のテンポを刻むことでビート感覚を育みましょう。

ワーク2

・赤ちゃんをひざに抱えて，左右にゆっくり揺らして遊びましょう。

　・だんだん速くしたり，ゆっくりしたりしてみましょう。

　・子どもと向かい合って抱っこもしくは座る。歌に合わせて軽く横揺れや縦揺れをし，「あっぶっぷっ」でにらめっこをしてみましょう。

だるまさん

・赤ちゃんをひざの上にのせて，ゴロゴロとゆっくり転がるイメージで揺すってあげましょう。

いも虫ごろごろ

・赤ちゃんのハイハイに合わせて，歌やピアノを入れてみましょう。

❀　1～3歳未満児

　自立歩行ができるようになり，動く・止まる（Go & Stop）ができるようになります。音楽が聴こえているときは動く，音楽が終わったら止まるといった，リトミックの即時反応につながる遊びに挑戦してみましょう。

ワーク3

・子どもの歩く速さに合わせてピアノを弾き，歌が終わったら自分のイスに戻りましょう。

・歌いながら手あそびをする。替え歌を作って遊んでみましょう。

とんとんとんとんひげじいさん

作詞：玉山　英光
作曲：玉山　英光

とん とん とん とん　　ひげ じい さん　　とん とん とん とん　　こぶ じい さん

とん とん とん とん　　てん ぐ さん　　とん とん とん とん　　め がね さん

とん とん とん とん　　て は うえに　　とん とん とん とん　　て は した に
（お ひ ざ）

❀ 3歳以上児

　身体的な発達に伴い音楽に合わせた動きも可能なってきます。一定のテンポで歩く，止まるができるようになったら，4分音符・8分音符・2分音符の感覚を，音に合わせて動くことで身につけましょう。

　次に，両足跳び・片足ケンケン・ギャロップ・スキップ・シンコペーション・16分音符などのリズムを体験しましょう。リズムの変化を聴き分け身体を動かすことで，音楽の楽しさを体験できる活動に発展できるように工夫しましょう。

　音楽は動きに合った選曲もしくは，既成の曲をそれぞれのリズム，テンポや音の高低などを変化させてみましょう。できれば巻末にある資料のコード奏法を参考に，子どもの動きに合わせて即興的に音を紡ぎだすことにも挑戦してみてください。

　動く活動で大切なことは，子どもが集中して音楽を聴き，感じたままを自発的に動くことです。音楽に合わせて子どもが動かされることにならないように，常に子どもの動きを観察しながら活動しましょう。

ワーク4

・2拍子・フレーズ・形式を感じて動いてみましょう。

ちょうちょう

作詞：野村　秋足
スペイン民謡

ちょう ちょう　ちょう ちょう　な の は に と ま れ

な の は に あ い た ら さ く ら に と ま れ

さ く ら の は な の は な か ら は な へ

と ま れ よ あ そ べ ― あ そ べ よ と ま れ

・2拍子のリズムをとりながら歌いましょう。

手拍子　ひざうち　手拍子　ひざうち
　1　　　2　　　1　　　2

・花役とちょう役分かれて，歌に合わせて動きましょう。

・リズム・パターンを感じてステップしてみましょう

ありさんのお話

作詞：都築　益世
作曲：渡辺　茂

あり さん の　おはな し　きいた か ね

ちい さ な　こえだ が　きこえ た　よ

おい し い　おかし を　みつけ た　よ

とな り の　おうち の　おにわ だ　よ

・ ♫ ♩ ♩ のリズムを３小節ステップし，４小節目は止まってひざを２回手をたたきましょう。
この動きを４回くり返します。

・6／8拍子に合った動きを考えて，簡単な振り付けをしてみましょう。

思い出のアルバム

作詞：増子　とし
作曲：本多　鉄麿

・6/8拍子を大きな2拍子に感じて，
　付点4分音符を左右に揺れながら歌いましょう。

・6/8拍子を大きな2拍子に感じて，
　8分音符を手拍子しながら歌いましょう。

・1段目はみんなで手をつないで円をつくり，歌い
　ながら歩きましょう。

・2段目はみんなで手をつないで円をつくり，歌いな
　がら反対方向に歩きましょう。

・3段目は立ち止まって，左右に揺れながら
　歌いましょう。

・4段目は立ち止まって8分音符を手拍子
　しながら歌いましょう。

・ゲーム性を取り入れることで，楽しみながらテンポの変化やフレーズを感じてみましょう。

ロンドン橋

◇遊び方

・10人以上のグループで円になる。

・その中から二人を選び向かい合って，両手の平を合わせて高く上げ橋をつくる。

・他の子はロンドン橋を歌いながら，歌に合わせて橋をくぐる。

・最後の「さあどうしましょう」で，橋になった二人は両手を下して橋を渡ろうとした人を捕まえる。

・捕まった人は橋になって，再び繰り返すことで橋が増える。

・繰り返し遊ぶ中で，歌う速さをゆっくりにしたり速くしたりする。

・最後まで捕まらなかった人が勝者となる。

📖 参考文献

飯田秀一『音楽リズム』同文書院，1990年

石丸由理編著『リトミック　ベスト・コレクション』自由現代社，2008年

音楽教育研究協会編『幼児の音楽教育―音楽的表現の指導―』音楽教育研究協会，1990年

神原雅之『幼児音楽教育要論』開成出版，2014年

神原雅之監修『1～5歳のかんたんリトミック』ナツメ社，2013年

小林美実監修・指導，高野雅子編『表現　幼児音楽①②』保育出版社，1994年

小林美実編『音楽リズム　幼児のうた楽譜集』東京書籍，1984年

定成淡紅子『リトミックであそぼう　基礎練習編』全音楽譜出版，2005年

定成淡紅子『リズムに強くなりたい　踊ってリズム編』全音楽譜出版，2005年

シーラ・エリッソン＆ジュディス・グレイ作，クロスロード編『子どもと楽しくつきあう365のあそび』1993年

全国大学音楽教育学会九州地区学会編『保育士・幼稚園教諭小学校教諭養成のためのピアノテキスト』カワイ出版，2014年

リトミック研究会『幼児のリトミック』芸術教育研究所編，全音楽譜出版社

『新音楽辞典　楽語』音楽之友社，1977年

リトミック研究会著，芸術教育研究所編『幼児のリトミック』全音楽譜出版社，1994年

第 **7** 章

奏でる活動について考えてみよう！

　楽器を奏でる活動は，子どもたちに様々な音との出会いをもたらします。自分が奏でる音や友だちの音に耳を傾けて音を聴き取り，聴き比べる活動は，「音色」「強弱」「長短」などの音楽要素への気づきを促すうえで，とても大切な活動です。

　ここでは，様々なワークに取り組みながら，奏でる活動を実践するために必要となる基本的事項について考えてみましょう。

1 子どもの発達と奏でる活動

　楽器の奏法は「ふる」「たたく」「おす」「ふく」「はじく」「こする」など，様々です。また，自分の手で直接たたいて奏でる楽器，指先を動かして奏でる楽器，バチを用いて奏でる楽器など，音の出し方には多様性があります。そのため楽器を奏でる活動は，子どもたちの身体機能の発達と深く結び付いているといえます。

　乳児は，おもちゃのガラガラをふって遊ぶことがあります。ガラガラを握り，自分の身体を動かすことによって音を生み出すことを楽しむのです。曲のテンポに合わせることはできなくても，この要領で鈴を奏でることは**1，2歳児**でも楽しめる活動です。

　おおむね3歳頃には，「音色」や「強弱」の違いに興味を示すようになります。また，友だちと一緒に奏でたり，楽器を交換したり，順番を待って交代で鳴らすことができるようになり始めます。

　おおむね4歳頃には，「バチなどの道具を使う手」と「楽器を支える手」という両手の機能の分化が進み，楽器の操作が上手くなります。また，「フレーズ感」「強弱感」「速度感」「音色感」などの音楽的能力が豊かに芽生える時期です。楽器を奏でる活動は，子どもたちの音楽的能力の育成にとって極めて有用な活動だといえましょう。

　おおむね5歳頃には，運動能力の発達に伴ってリズムのスキルも上がり，かなり複雑なリズムを手でたたくことができるようになってきます。楽器の音だけでなく，それ以外の音にも興味を示しますから，音を「聴く」「聴き比べる」という体験も大切にしたいものです。

　おおむね6歳頃には，かなり拍子感が備わった打ち方ができるようになってきます。この頃には，集団の中での役割を理解し，友だちと相談しながら共同作業に取り組んだり，役割を交代することもできるようになってきます。このような子どもの姿は，合奏における取り組みの中でも見られるようになります。

2 奏でる活動の意義とねらい

　子どもたちは，乳児の頃から音に対して興味を示します。実際に音の出るものを手に取り，触ることによって音の存在に気づき，音を出すことを楽しむようになるのです。「奏でる活動」は，「聴く」「歌う」「動く」「つくる」といった音楽の諸活動と互いに関連し合っています。

　特に「奏でる活動」では，以下のことが期待できます。

①　楽器の活動は，子どもたちに注意深く音を聴きとらせる機会をもたらします。この体験は，子どもたちに多種多様な音の存在への気づきももたらします。

② さまざまな音を奏でる活動は,「拍子感」「フレーズ感」「強弱感」「速度感」「音色感」などの音楽的能力を育成することにつながります。

③ 曲想に合った音となるように奏で方を工夫することを通して,豊かな表現を目指していこうとする気性を培っていくことができます。

④ 楽器の特徴や奏法を知ることを通して,子どもたちは物には扱い方があるということを理解していきます。また,大切に取り扱う生活習慣も身につけていくことができます。

⑤ 友だちと一緒に奏でることを通して,子どもたちの協調性や社会性を培うことができます。

楽器の活動では,子どもの発達段階を考慮した活動を積み重ねながら,様々な音との出会いを通して,子どもたちの音楽性を培っていきましょう。

3 楽器の特徴と奏法

　ここでは,保育現場で用いられている主な楽器の特徴と奏法について述べることにします。楽器活動の初期段階では,奏法の習得を最優先して目指すのではなく,まずは自由に鳴らすことから入り,徐々に正しい奏法へと導いていくことを心掛けましょう。また,楽器は奏法によって音色が変化します。音の違いを聴き比べることも,大切にしていきたいものです。

(1) 無音程打楽器
1) カスタネット
【特徴】
　カスタネットは残響がなく,はっきりとした音が出ますから,リズムが捉えやすい楽器です。そのため,楽器活動の初期の段階から,リズム感を育成するのによく使われます。また,踊りを伴う表現活動でも,よく使用される楽器です。
【奏法】

① ゴムの結び目を下にして，左手の中指にゴムの輪をかける。

② はずんで打つとよい音が出る。

２）タンブリン

【特徴】

　木の胴の周囲に小さなシンバル（ジングル）がついていて，鼓面の部分を打つと，同時にこれが響くようになっています。皮を張っていないタンブリンのことを，モンキータンブリンといいます。

　打ち方によって，いろいろな音が出ますし，肩やひざなどの身体の部位に打ち付けても面白いので，踊りを伴う表現活動でもよく使われます。

【奏法】

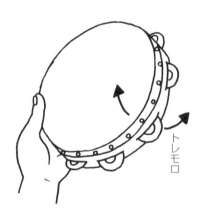

① 左手でタンブリンを水平，または少し斜めに傾けて構える。

② タンブリンの側面の穴に指を入れて持つと楽器が不安定になるため，枠をしっかり持つよう指導する。

③ 指先打ちは，指を軽く曲げて鼓面を打つ。

④ 枠打ちは，右手を軽く握り，小指側で鼓面と枠の接点を打つ。

⑤ トレモロ奏は，楽器を垂直に構え，左右に細かく振ってジングルの音を鳴らす。

⑥ バチ打ちは，木琴や小太鼓などのバチで鼓面を打つ。使用するバチによって音色が異なる。また，この奏法では，手で打つよりもアクセントや強弱の変化をはっきりと表現することができる。

3）鈴

【特徴】

　柄のついた鈴もありますが，保育現場ではプラスチックの輪に複数の鈴がついたものの方がよく使われています。たくさんの鈴から音が出るため，リズムが不明瞭になってしまいますが，可愛らしい音なので，子どもたちに好まれる楽器です。踊りを伴う表現活動でもよく使われます。

【奏法】

　①　左手で鈴を持ち，右手の握りこぶしで左手の手首を打つ。
　②　トレモロ奏は，鈴を左右に細かく振る。
　③　柄付き鈴の場合も，奏法は同じ。

4）トライアングル

【特徴】

　楽器の大きさや太さによって音色が異なります。余韻が長いため，同時にたくさんのトライアングルを鳴らすと変な共鳴が起き，トライアングル特有の透明な音は得られなくなってしまいます。合奏の時には，少人数にするとよいでしょう。

【奏法】

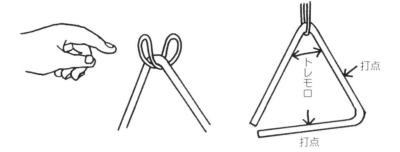

① 左手の人差し指をホルダーに通して, 親指と中指で両側からホルダー皮を挟むようにして持つ。

② バチは親指と人差し指でしっかり持ち, 他の指を軽く添える。

③ 手首を柔らかくして三角形の底辺や外側を軽く弾むように打つ。

④ トレモロ奏は, 三角形の頂点の内側でバチを細かく往復させて打つ。

5) ウッドブロック

【特徴】

　木製の筒状の楽器で, スリットの入った空洞を響かせます。四角い箱形のものと丸形のものがあります。合奏の中では, 馬の足音や, 時計の音を表現するのにも使われる楽器です。

【奏法】

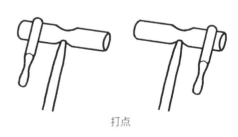

① 低い音の方が左側になるように, 左手で柄を持つ。

② 右手でバチを持ち, 端の方の良く共鳴するところを打つ。

6）大太鼓（バスドラム）

【特徴】

　柔らかくて大きな音が出る楽器です。曲想やリズムを強調したい時に使います。両方の皮の張り具合を同時に変えることができる片締式大太鼓と，別々に変える両締式大太鼓があります。

　締ネジのある側が，打つ方の鼓面です。

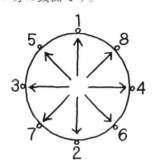

　太鼓の皮の張り具合を調節する時は，上の図のように対角線上に向かい合った締ネジを，少しずつ均等に締めていきます。この時，一度に強く締めすぎないように注意しましょう。鼓面の張力が均等になるように，バチでたたきながら音を調整します。

　大太鼓はネジを締めすぎると余韻が消えてしまうため，締めすぎないように注意しましょう。

【奏法】

① 専用のスタンドに乗せ，右手のバチが鼓面の中央よりも，やや下ぐらいになるように，幼児の身長に合わせて高さを調節する。

② 鼓面が見える位置に足を少し開いて立ち，太鼓が安定するように左手で太鼓の枠をしっかり押さえる。

③ バチは右手の親指と人差し指で先端から3分の2ぐらいのところを握り，他の指は軽く添えて持つ。

④ 斜め上から打ち，反動でバチがすぐ横に跳ね返るよう，ひじを軸にして打つ。

⑤ 響きを止めるときには，左手を使って打った鼓面をなで上げるように押さえる。

7）小太鼓（スネアドラム）

【特徴】

　太鼓の裏側に，響き線（スネア）が張ってあります。響き線を裏側の鼓面に密着させた状態で打つと，鋭く歯切れの良い音が出ます。また，太鼓の側面についているレバーを倒して響き線を外すと，和太鼓（締め太鼓）のような音が得られます。曲想によっては，響き線を外して打つと面白いでしょう。

【奏法】

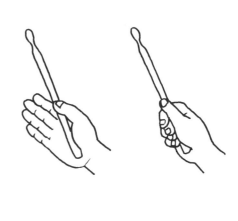

① 鼓面が幼児の腰あたりの高さになるように，スタンドの高さを調節する。

② 鼓面の張力を整える場合は，大太鼓と同様の手順で締めていく。軽快な音色になるよう，裏面は表皮ほど強くは張らない。

③ バチは両手とも先端から３分の２あたりを上から握り，手首を軸にして，反動による跳ね返りを利用して打つ。

④ 使用後は太鼓の側面にあるレバーを倒し，響き線を緩めておく。

8）シンバル

【特徴】

　刺激の強い音が出せる楽器で，他のリズム楽器には見られない演奏効果を持っていますが，曲のクライマックスではないような時に頻繁に鳴らしすぎると，かえって非音楽的になることがあります。さびやすい楽器ですから，使用後は乾いた布で拭いてから片付けましょう。

【奏法】

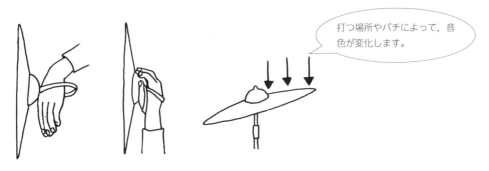

① 2枚のシンバルを使用する場合は，両手とも上から革バンドに手を通し，下からすくいあげるようにして親指と人差し指の間にバンドの付け根を挟み，楽器に手が触れないようにホルダー皮を隔てて握り締めて持つ。

② 左手に持ったシンバルをやや斜めにして構え，右手のシンバルを前へ押し出すように，すり合わせる。

③ 音を消すときは，左右のシンバルの縁を胸に引き寄せて響きを止める。

④ 1枚のシンバルを使用する時は，専用のスタンドに取り付け，小太鼓，大太鼓，ティンパニー，木琴などのバチで打つ。音色は使用するバチや打つ場所によって異なる。

⑤ スタンドに取り付けたシンバルの音を止める時は，シンバルの縁を指で挟んで響きを止める。

⑵　有音程打楽器

1）木　琴

【特徴】

小型の卓上用やパイプがついた立奏用があります。卓上用の木琴は大きさが手ごろで使いやすいのですが，音色は硬く響きもあまりよくありません。

オルフ楽器の木琴は，音板が容易に外せるようになっています。また，材質がよく，共鳴効果のある設計となっているため，よく響く音が出せます。

【奏法】

① バチ（マレット）は，先端から2分の1あたりを人差し指と親指でしっかり持ち，他の指を軽く添える。

② 音板の中央を打つ。

③ 手首を支点にして，バチの反動を利用して弾ませて打つ。音板をバチで押さえ込むような打ち方をすると，音が響かなくなってしまう。

④ グリッサンド奏は，音板の上を軽くバチを滑らせて音を出す。

⑤ 幼児の場合，簡単なリズムやメロディーは，左右どちらか片方のバチで演奏してもよい。

2）鉄　琴

【特徴】

鉄琴には，音域の高いグロッケンシュピール，パイプがついたビブラフォンなどがあります。

【奏法】

① バチ（マレット）の持ち方は木琴と同様である。

② 鉄琴用のバチ（マレット）には，木製，毛糸や綿糸を巻いたもの，ゴム製のもの等がある。

柔らかい音を出したいときは，毛糸や綿糸を巻いたマレットを使う。マレットの素材によって音色が異なるため，演奏する曲に応じてマレットを使い分けるとよい。

(3) 旋律楽器
1）鍵盤ハーモニカ
【特徴】

楽器の内部には，鍵盤一つひとつにリードと呼ばれる薄い金属の板がはめ込まれており，息を吹き込みながら鍵盤を押すと，リードが振動して音が出るという仕組みになっています。故障の原因となるリードのさびつきを防ぐためには，使用後は水切りボタンを押しながら息を吹き込み，楽器内の水滴を出しておきましょう。また，マウスピース（うた口）は洗った後，清潔な布で拭きあげてから片付けることを習慣づけましょう。

鍵盤ハーモニカは，スタッカートやレガートの表現は可能ですが，強弱の変化はあまりつきません。

【奏法】

① 息は充分に吸い，静かに吹き込む。
② 右手の形はピアノと同様に，指先を曲げる。
③ タンギング奏法は，鍵盤を抑えたままで舌の先でtututuと音を刻む。この奏法は同じ音を反復して演奏する時にも使う。

④ 滑らかに演奏する時に使うレガート奏法は，出だしの音はタンギングをするが，あとは息を送り続けながら鍵盤を押す。

ワーク1

・子どもたちが使用する楽器を分類してみましょう。

　楽器の音色は様々です。奏でる活動では，子どもたちの発達や使用する楽曲によって，楽器を使い分けていきます。第7章で取り上げたカスタネット，タンブリン，鈴，トライアングル，ウッドブロック，大太鼓，小太鼓，シンバル，木琴，鉄琴，鍵盤ハーモニカを，楽器の素材や奏法をもとに分類してみましょう。

・楽器の素材をもとに，分類してみましょう。

① 木の音が出る楽器

(　　　　　　　　　　　　　　　　　　　　　　　　　　　　　　　)

② 金属の音が出る楽器

(　　　　　　　　　　　　　　　　　　　　　　　　　　　　　　　)

③ 皮の音が出る楽器

(　　　　　　　　　　　　　　　　　　　　　　　　　　　　　　　)

④ その他の楽器

(　　　　　　　　　　　　　　　　　　　　　　　　　　　　　　　)

・楽器の奏法や特徴をもとに，分類してみましょう。

① 手でたたいて音を出す楽器

(　　　　　　　　　　　　　　　　　　　　　　　　　　　　　　　)

② バチを使って音を出す楽器

(　　　　　　　　　　　　　　　　　　　　　　　　　　　　　　　)

③ 余韻が残る（残らない）楽器

(　　　　　　　　　　　　　　　　　　　　　　　　　　　　　　　)

④ 音程がある（ない）楽器

(　　　　　　　　　　　　　　　　　　　　　　　　　　　　　　　)

4 リズム譜の書き方

　奏でる活動では，子どもたちにとって馴染みのある曲の中から，活動のねらいに合った曲を選曲することを心がけましょう。リズムが捉えやすい曲には，以下のような特徴が見られます。
①　拍やリズムパターンが捉えやすい曲
　　例：手をたたきましょう，ことりのうた，おはながわらった，など
②　踊りながら打つ要素を持っている曲
　　例：ケンパであそぼう，南の島のハメハメハ大王，など
③　歌詞や曲想が，楽器の音を連想させるような曲
　　例：たなばたさま，雨だれ，ジングルベル，とけいのうた，など
④　歌詞の中に楽器の名前やリズムが出ている曲
　　例：ヘイ！タンブリン，おおきなたいこ，こどもの楽隊，など

曲に合うリズムパターンを考える時には，以下のことに気をつけましょう。
①　歌詞の反復，旋律に出ている特徴的なリズムやフレーズを確認して，それらを活かしたリズムパターンを工夫しましょう。
②　楽器の音色の組み合わせを工夫しましょう。
③　一度にたくさんの楽器を同時に鳴らすと，幼児には各楽器の音を聴き取ることが難しくなってしまいます。奏でる活動の初期段階では，一つひとつの楽器の音が聴き取れるよう1つの楽器を用いるか，または楽器ごとに交替で奏でるようなリズムを工夫をしましょう。

　実習の時などに書く指導案には，必要に応じてリズム譜を挿入することがあります。下記の「てをたたきましょう」の楽譜に書かれている注意事項を見て，リズム譜の書き方の基本を理解しましょう。

ワーク２

• ２種類の楽器を使って，リズム譜を書いてみましょう。

楽器名

（　　　　　　　　　　　　　　　　　　　　　　　　　　　　　　　　　　）

楽器の選択理由

（　　　　　　　　　　　　　　　　　　　　　　　　　　　　　　　　　　）

リズムパターンで工夫したい点

（　　　　　　　　　　　　　　　　　　　　　　　　　　　　　　　　　　）

ぶんぶんぶん

作詞：村野　四郎
ボヘミア民謡

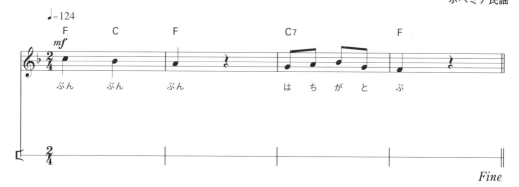

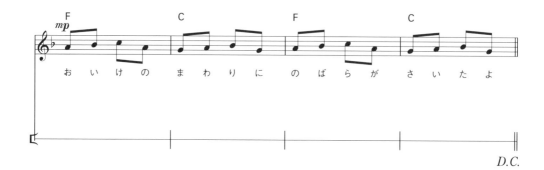

5 奏でる活動の実践

　子どもたちは保育者の演奏を模倣しながら楽器の奏で方を習得していきますから，保育者のお手本はとても大切です。ここでは，奏でる活動に取り組みながら，実践上の留意点について考えてみましょう。

(1) 身体の動きとリズムの模倣

　子どもたちに身体の動きやリズムを提示する時，保育者は子どもが模倣しやすいようにメリハリをつけて動くことを心がけましょう。

ワーク3

・身体の動きを通して，強弱の違いを表現してみましょう。

❖ **楽譜1**

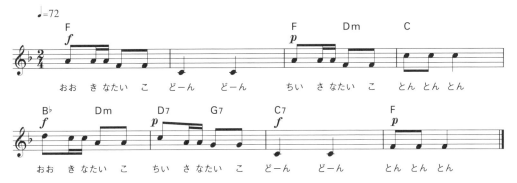

おおきなたいこ

作詞：小林　純一
作曲：中田　喜直

（遊び方）
① 大きな太鼓は大きな声で，小さな太鼓は小さな声で歌い，強弱の違いを表現しながら歌ってみましょう。
② 歌に合わせて，太鼓を打つ動きをしてみましょう。数回繰り返し，そのたびに速めていくと，強弱と速度の変化を同時に楽しむこともできます。

動作

①おおきなたいこ　　②どーん　どーん　　③ちいさなたいこ　　④とんとんとん

両腕でからだの前に大きなたいこをつくりましょう　　右腕を下へ上へと半円を描くように動かします　　指先で小さなたいこをつくりましょう　　人差し指で小さなたいこをたたく動作をします

ワーク4

・リズムパターンをつくってみましょう。

❖ **楽譜2**

ひよこさん

外国曲

「親どり役」の保育者が示す手拍子でのリズムや身体の動きを,「ひよこ役」の子どもたちが模倣する遊びです。

（遊び方）

① 保育者は,「ひよこさん」と歌いながら, 下記のリズムを参考にして手拍子で打ってみましょう。それを子どもたちは,「なんですか」と歌いながら模倣します。保育者が「こんなことできる」と歌いながら踊ると, 子どもたちは「できますよ」と歌いながら模倣します。

保育者は, 歌を繰り返すたびに, リズムパターンや強弱, 踊りの動きを次々と変化させてみましょう。

② 短い曲ですから, 子どもたちはすぐに覚えます。1回で止めてしまわずに, 下のリズムパターンを参考にして動きやリズムを変えながら, 数回, 立て続けに繰り返していくと楽しさが増します。

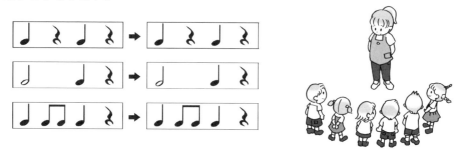

③　この曲で，ボディーパーカッションを楽しんでみましょう。「ボディー」は身体，「パーカッション」は打楽器のことです。ボディーパーカッションでは，手拍子だけでなく，ひざ，肩，お腹やおしり等，身体の色々な場所を楽器にみたてて音をつくり，リズムを刻んでいきます。保育者は下の図を参考にしながら，「ひよこさん」や「こんなことできる」と歌いながら叩く身体の場所，音の強さやリズムを工夫してみましょう。強い音では大きなハートを描き，小さな音は小さなハートを描くように手を動かします。また，クレッシェンドでは，小さな円からだんだん大きな円を描いていきます。このように空間を使って手を動かすと，子どもは強弱の違いを把握しやすくなります。

④　タンブリンは，「ひじ」「ひざ」「おしり」など，身体のいろいろな部位で打ったり，振ってトレモロ奏をすることもできます。「こんなことできる」の歌詞の部分では，タンブリンを使っていろいろな奏で方を工夫してみましょう。歌を繰り返しながらリズムパターン・強弱やテンポを変化させると，子どもたちの集中力を高めていくことができます。

(2)　楽器の組み合わせとリズム打ち

　複数の楽器を用いる場合であっても，同じリズムパターンにすることで，子どもたちは楽器を交換し，持ち替えながら打っていくことができます。そうすることで，1 単元内の限られた時間内に複数の楽器に触れて遊ぶことが容易にできます。

　リズムを子どもに伝える時には，リズムのみを「タンタタタン」などと口頭で説明するのではなく，必ず歌いながら楽器を打ちリズムを示しましょう。歌詞とリズムを結び付けて提示すると，子どもたちにはリズムが模倣しやすくなるのです。

120

ワーク5

・楽器の組み合わせを考えてみましょう。

❖ **楽譜3**

　動物の名前の代わりに，タンブリン，鈴，太鼓などの楽器の名前に変えて歌い，呼ばれた楽器を持っている子どもたちが，拍打ち（♩♩）で答える遊びです。

　替え歌では楽器の順番を入れ替えたり，担当する楽器を子ども同士で交換させながら繰り返すと面白いでしょう。

ワーク6

・奏で方を工夫してみましょう。

❖ 楽譜4

こおろぎ

作詞：関根　栄一
作曲：芥川　也寸志

　鈴やトライアングルは，トレモロ奏をすることができます。「チロチロリン」「コロコロリン」
という鳴き声のかけ合いを，楽器で表現してみましょう。どのような強さで，どのように奏で
るのかを，子どもたちと一緒に工夫してみるとよいでしょう。

ワーク7

・打楽器を組み合わせ，合奏してみましょう。

❖ 楽譜5

線路は続くよどこまでも

作詞：佐木　敏
アメリカ民謡

マーチ風に ♩=116〜126

せんろはつづくよ　どこまでも
のをこえやまこえ　たにこえて
はるかなまちまで　ぼくたちの
たのしいたびのゆめ　つないでる

前　奏

はじめに

全員で  のリズムを手で打ってみましょう。

つぎに

　太鼓，タンブリン，ウッドブロック，カスタネットなど，いろいろな楽器を使って，上記のリズムを打ってみましょう。

さらに

　保育者は，使用する楽器の絵を描いたカードを用意し，CDに合わせて2小節ごとにタイミングよく楽器の絵を提示していきましょう。

　子どもたちがリズム打ちに慣れたら，友だちと楽器を交換して，いろいろな楽器に触れさせてみましょう。

　この活動では，各楽器の数を均等にする必要はありません。どの楽器の担当になっても，同じリズムパターンを奏でます。曲を繰り返す中で，楽器を持ち替えていくことも容易です。子どもたちには，自分が奏でてみたいと思う楽器を選択させることによって，いろいろな楽器に触れる機会を設けてみましょう。伴奏は，CDを用いるとよいでしょう。

❖ **楽譜6**

アイアイ

作詞：相田　裕美
作曲：宇野　誠一郎

　「アイアイ」の歌には，繰り返し出てくる歌詞があります。このような歌詞の反復を活かして，ここでは2種類の打楽器の組み合わせを考えてみましょう。

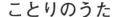

❖ 楽譜7

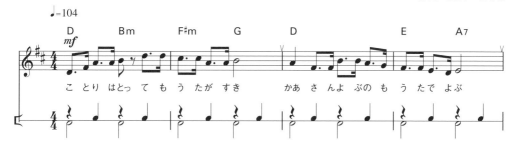

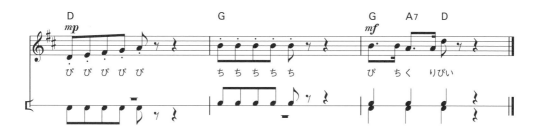

はじめに

　2種類の楽器を用いて奏でてみましょう。まず，いろいろな楽器の組み合わせを試して，音を聴き比べてみましょう。それらの中から，この曲にふさわしい楽器の組み合わせを選んでみましょう。

つぎに

　1段目の後打ちのリズムは，身体の動きを使って打つタイミングを捉えましょう。休符をよく感じ取ることが大切です。そのことを子どもたちに分かりやすく伝えるための工夫を考えてみましょう。ひざの屈伸を使って打つタイミングを捉えるなど，身体の動きを工夫してみましょう。

さらに

　2段目の「ぴぴぴぴ」と「ちちちちち」はmp，「ぴちくりぴい」はmfです。歌声と楽器の音で，強弱の変化を表現してみましょう。
　子どもたちに，強弱の変化に着目させるような言葉かけを考えてみましょう。

ワーク8

• 歌詞の繰り返しをいかして，分担奏と交互奏を奏でてみましょう。

❖ 楽譜8

おはながわらった

作詞：保富　康午
作曲：湯山　昭

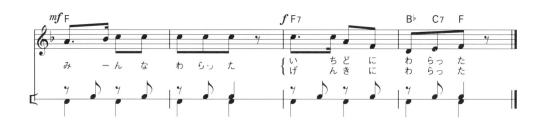

　この楽譜の3段目の分担奏に出てくる後打ちのリズムは，幼児にとって難しいリズムなのです。身体の動きを使って休符を感じ取りながら打つとよいでしょう。

(3)　音程のある楽器の活動

　打楽器の中には，カスタネットや鈴などのように頻繁に使われる楽器と，鉄琴や木琴などのように合奏以外ではあまり使われない楽器とがあります。歌の伴奏はピアノで弾くことが一般的ですが，時には打楽器を使って歌の伴奏を奏でてみましょう。そうすることによって，子ど

もたちは，歌う活動の中でいろいろな楽器の音に触れることができます。日頃から，ピアノ以外の楽器に親しむ機会を設けてみましょう。

ワーク9

・バチの素材による音色の違いを聴き比べてみましょう。

「たなばたさま」や「どんぐりころころ」のリズム譜の中の矢印は，バチ（マレット）を動かす向きを示しています。

❖ 楽譜9

　鉄琴や木琴には音程がありますから，メロディの一部を奏でる時には，音を外さないように注意する必要があります。しかし，グリッサンド奏では，音を外すことを気にする必要はありません。グリッサンド奏は，子どもにも容易に奏でることができますから，慣れてきたら，保育者の代わりに子どもがグリッサンド奏での伴奏を担当してもよいでしょう。

❖ **楽譜10**

　この項では，歌の伴奏に鉄琴や木琴を用いることを紹介しました。これ以外のカスタネット，ウッドブロック，トライアングルなどの打楽器も，時にはピアノの代わりに曲に合う音色の楽器を選択し，歌の伴奏に活用してみましょう。伴奏では，一定のテンポを刻み続けることが大切ですから，基本的には保育者が奏でます。打楽器を使って伴奏すると，保育者はピアノを弾く時よりも子どもの近くに座ることができます。楽器の音量も抑えられますから，子どもにとっては保育者の歌声がとても聴き取りやすくなるという利点もあります。また，歌いながら，いろいろな楽器の音に触れる機会にもなります。一斉に行う楽器活動の時にだけ楽器を活用するのではなく，日常的に行われる歌の伴奏にも打楽器を用いると，子どもたちにとって打楽器は，より身近な存在と成り得ることでしょう。

ワーク10

・音程のある楽器を奏でる時に必要となる目印のつけ方を工夫してみましょう。

　「雨だれ」では，「ぽったん」の歌詞のところで木琴を奏でます。「ライオンのうた」では，鍵盤ハーモニカと鉄琴は旋律の部分を奏で，木琴は和音奏を奏でます。それぞれ何の音に，どのような印をつけるのかを考えてみましょう。

❖ **楽譜11**

雨だれ

作詞：小林　純一
作曲：中田　喜直

　強弱記号に気をつけて，木琴で雨だれの音を表現してみましょう。「ラ」の音板に赤，「レ」の音の音板に青というように，色分けしたマスキングテープを貼ると，幼児にも分かりやすい目印になります。

◆ **楽譜 12**

ライオンのうた

作詞：峯　陽
作曲：峯　陽

　木琴は2つの音を同時に奏でる和音奏を担当し，楽譜よりも1オクターブ上で奏でることに
なります。和音奏の場合の目印は，ファとラを赤色，ドとソを青色というように，同時に打つ
音を同色にすると音の組み合わせが分かりやすくなります。

「木琴」「鉄琴」「鍵盤ハーモニカ」の活動の進め方について

❖　木琴・鉄琴は，まずグリッサンド奏から

　木琴や鉄琴では，まず，グリッサンド奏をしてみましょう。グリッサンド奏は，音板の上でバチ（マレット）を上向き・下向きに軽くすべらせて音を出します。いきなり合奏の中で使用するのではなく，歌う活動の時の伴奏用楽器として保育者が使用すると，早い段階からこれらの楽器に親しむ機会を設けることができます。

　グリッサンド奏は，保育者に代わって，子どもたちが演奏することもできます。「きらきらぼし」「たなばたさま」「どんぐり」など，木琴や鉄琴のグリッサンドが合いそうな曲を探してみましょう。

❖　旋律の部分奏について

　順次進行や反復して出てくる旋律部分だけを演奏してみましょう。出だしの音など，目印が必要な箇所をよく考え，音板（木琴・鉄琴）や鍵盤（鍵盤ハーモニカ）に印をつけるとよいでしょう。木琴や鉄琴で順次進行のような簡単な旋律を奏でる時は，左右どちらか一方のバチで打った方が打ちやすい場合があります。両方のバチを使うかどうかは，幼児に合わせて対応しましょう。

❖　和音奏について

　木琴や鉄琴での旋律の部分奏に慣れてきたら，2つの音を組み合わせた和音奏を取り入れてみましょう。幼児の場合は，目印が必要になります。「ライオンのうた」のところで述べたように，同時に打つ音は同色のマスキングテープを貼って目印にすると，音の組み合わせが見分けやすくなります。

　「木琴」「鉄琴」「鍵盤ハーモニカ」をいくつか保育室に置いておくと，子どもたちは音を探りながら奏で始めます。自由に触れることができるような環境を用意するとよいでしょう。

📖 **参考文献**

林洋子・米倉慶子・櫻井琴音『幼児のための音楽』相川書房，2004年

保育音楽研究プロジェクト編『幼児の音楽表現』大学図書出版，2008年

神原雅之・鈴木恵津子他『幼児のための音楽教育』教育芸術社，2010年

井口太　編『新・幼児の音楽教育』朝日出版，2014年

西九州大学幼小接続期研究プロジェクト編『幼小接続のあり方に関する総合的研究―子どもの育ちを支える接続カリキュラムの検討―』西九州大学，2015年

Reimer, B., *Silver Burdett Music Teacher's Edition K*, SILVER BURDETT MUSIC COMPANY, 1985.

第8章

つくる活動について考えてみよう！

　人は，生まれながらに感じる力や好奇心などの能力を備えて誕生します。とりわけ乳幼児期においては，見るもの聴くものすべてがこれらの能力を培う大切な時期です。乳幼児期のつくる活動はオペレッタや劇といった表現遊びに代表されます。また，聴く活動で取り上げた手づくり楽器を製作することで自分だけの音づくりや，手づくり楽器を使った即興演奏・リズムあそびも音楽表現における創造的な活動の1つといえるでしょう。

　ここでは聴く，歌う，奏でる，動く活動を基に想像性や創造性へと発展させて，表現あそびのつくり方を中心に，手作り楽器についても考えてみましょう。

1 子どもの発達とつくる活動

　文字や言葉による表現が未熟である乳幼児にとって，つくる活動は子ども同士や周りの大人たちとのコミュニケーションのツールとして大切な活動です。替え歌づくりや手づくり楽器はもとより，自然や身のまわりの出来事に対する感動や感情を，言葉や体で即興的に表現することも，つくる活動の原動力となります。

　乳児にとってつくる活動は，その発達過程からみて不可能と言えます。しかし，この時期における音楽的環境の有無は，後のつくる活動において大きな差異を生じると考えられます。よって聴く活動をもとに，唱え（chant）といった歌う活動が加わり，周囲の大人との関わりの中で表現のスキルが無意識に獲得されます。

　おおむね3歳では，記憶力が発達して，「ごっこ遊び」を盛んにするようになります。生活体験から得た知識を遊びに導入し，積み木や砂遊びはつくる活動の芽生えといえます。また1歳から3歳では，大人の真似をしようとする時期です。模倣もつくる活動の重要な通過点となります。

　おおむね4歳は，知的な発達のいちじるしい時期です。集団で遊ぶものや，皆で活動する楽しさもわかってきます。また，はさみ・粘土・セロテープなどを使うようになり，材料や用具を使って自分なりのイメージを持って製作をします。ここでは，音に興味を持つようになり，奏でる活動も加わって，簡単な手作り楽器をつくってリズム遊びへの発展も可能となります。

　おおむね5歳では，物をつくる意味を理解し，遊ぶものを自分で考えてつくります。自発的な遊びの中につくる活動を取り入れることで，子どもたちの創造性を豊かにしていきましょう。物語に合った効果音を考えることや，簡単なリズムの即興演奏などを遊びの中に取り入れることで，音楽をつくる活動へとつながっていきます。

　おおむね6歳になると，身体的には音楽的な動きが自然な形でできるようになり，友だち同士での共同作業も可能となります。音楽表現活動を総合したものとして，子どもたちの個性を活かした音楽劇などの制作に取り組んでみましょう。

2 つくる活動の意義とねらい

　生後間もない乳児は泣くことによって自分の快・不快を表し，時間と共に喜び，悲しみ，怒りといった感情も表すようになります。しかしそれらは，無意識に発せられる表出であり，人に何かを伝えたいといった表現とは区別されるものです。つくる活動は模倣活動から始まります。模倣を繰り返すことで表現遊びが始まり，そこから新しい何かを発見し，発見したこと

や自らの経験をもとに自分の感じたことや考えたことを，何らかの方法で他者へ伝えることが表現へとつながります。人は表現することによって自己の存在を感じ他者の存在を認めることができ，様々な感情の共有をすることが出来ます。人は一人では生きていけません。つまり表現することは生きていくうえで不可欠な要素の1つといえるでしょう。つくる活動の意義とねらいは，表現することそのものといえるでしょう。

　幼児期のつくる活動は子どもの年齢や活動を行う時期を考え，まずはしっかりとした活動計画を立てましょう。次に子どもたちが個々のイメージや友だち同士で共通のイメージを持って自由に表現できるような環境を整え，保育者がどこまで援助するのかを常に留意して取り組みましょう。そして，活動のプロセスを大切にし，コミュニケーションの手段として音楽表現に繋げていき，すてきな音をつくりだす耳を育んでいけるようにしましょう。また，子どもが自由に音や音楽で遊び，表現することの楽しさを味わうことにより，子どもたちに音楽の楽しさと奏でる喜びを与える環境づくりは欠かせません。

　つくる活動は，出来上がった作品としての評価ではなく，遊びを通して保育者や友だちと共同作業をする中で，様々な経験や体験を通して表現することの種を蒔き，育てる過程が大切です。

3　つくる活動に伴う音づくり

(1)　効果音をつくる

　ここでは，効果音を取り上げることでイメージしたものを音で表現する方法を考えます。**効果音とは**，映画やドラマなど演出の一環として付け加えられる音のことです。楽譜通りに演奏するだけではなく，身の回りにある音素材を生かして効果音をつくりましょう。お話の中に効果音を入れることによって，子どもの想像力を豊かにサポートします。

◇音階のある楽器を使ってイメージを音にする奏法
　①　半音階の上行と下行（伸びる⇔縮む／緊張⇔弛緩）

　②　全音音階（魔法）

③　黒鍵だけを使って（ロボット歩き）

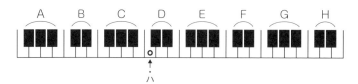

④　グリッサンド（変身）

⑤　アルペジオ　（やわらかい動き）

⑥　トリル（高音＝きらきら）

⑦　増三和音（不思議な感じ）

⑧　減三和音（事件だ！）

⑨　ドリア旋法

⑩　沖縄音階

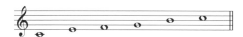

ワーク1

・それぞれの効果音を下記の内容で変化させて感じたことを言葉にしてみましょう。

・音域の変化（低い音，中くらいの音，高い音，だんだん低く，だんだん高くetc.）

（　　　　　　　　　　　　　　　　　　　　　　　　　　　　）

・速さの変化（遅い，中くらい，速い，だんだんゆっくり，だんだん速くetc.）

（　　　　　　　　　　　　　　　　　　　　　　　　　　　　）

・リズムの変化（4分音符，2分音符，8分音符，16分音符，3連符etc.）

（　　　　　　　　　　　　　　　　　　　　　　　　　　　　）

ワーク2

・前出のそれぞれの変化を組み合わせて，音で簡単なストーリーをつくってみましょう。

（　　　　　　　　　　　　　　　　　　　　　　　　　　　　）

(2)　効果音を使った表現あそびをつくる

　次に，つくった効果音を使って表現遊びに挑戦してみましょう。音を聴いて動く活動を行うにあたって大切なことは，聴こえてくる音を意識して耳を傾けることにあります。不思議な感じの音，音の強弱や高低に合わせた身体の動き，硬い，やわらかいといったニュアンスや空間の使い方など，第6章の「動く活動」で行ったリトミックの理念を思い出して，想像力と創造力の育成に自摸つながる遊びについて考えてみましょう。

ワーク3

・この章でつくった効果音のイメージを組み合わせて，物語をつくってみましょう。

① 沖縄音階（付点のリズムを使って，上・下降して，南国のイメージをだしましょう）

> ここは南の島，みんな陽気に飲んだり踊ったり，笑って暮らしています。

＊リズムにのって，力を抜いて踊ってみましょう。

② アルペジオ（和音を同時に弾かないで，順にずらして弾きましょう）

> やさしい波の音が聞こえてきます。

＊波の音に合わせてゆっくりと揺れましょう。全身を使ってごろごろ転がってみましょう。

③ 半音階の上行（音域やテンポを変えてみましょう）

> あれ？ 誰かがやってきましたよ。

＊用心深く不安な様子を，全身を使って動いてみましょう。

④ 黒鍵だけを使って（黒鍵はげんこつで弾きましょう）

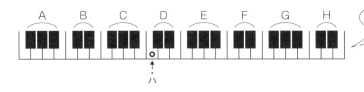

> 宇宙人!? ロボット!? だれ!?

＊宇宙人やロボットなどを想像して動きましょう。

⑤ 減三和音（いろいろな減三和音を見つけて弾いてみましょう）

> 事件だ！

＊びっくりした様子を，全身を使って動いてみましょう。

⑥　となり合った2音（高い音域で弾いてみましょう）

あなたは，誰です

＊お話の仕方を考えて，工夫して動きましょう。

⑦　全音音階（ペダルを使って雰囲気をだしましょう）

島の住人は，宇宙人に魔法を
かけられてしまいました。

＊魔法にかけられてしまった様子を，全身を使って動いてみましょう。

⑧　トリル（高音できらきらと弾きましょう）

あれぇ〜……きゃぁ〜………

＊くるくると回ってみましょう。同じ方向ばかりでなく，反対回りもしましょう。

⑨　グリッサンド（指の爪で鍵盤の上をすべらせて音階を弾きましょう）

島の住人は宇宙人に変身してしまいました。

＊宇宙人になって動いてみましょう。

⑩　増三和音（不思議な感じ）

南の島は，宇宙人の島になりました。

＊空を飛んだり，ふわふわと浮遊したり，いろいろな宇宙人になって動いてみましょう。
　お互いコミュニケーションも取りながら，動きましょう。

(3) 絵本を使って動く活動をつくる

◇絵本を声に出しながら動く　（絵本：まつおかたつひで作『ぴょーん』ポプラ社）

　この絵本は，子どもが親しみやすい，かえる・ねこ・いぬ・バッタなどの生き物が飛ぶ様子がユーモラスかつシンプルに描かれています。声の高さや大きさ，顔の表情など留意して読んでみましょう。声はとっても便利な楽器です。

ワーク4

- 絵本を使ったつくる活動を考えてみましょう。
　まずは，絵本のイメージを声に出して読んでみましょう。
　次に，声を出して読むと同時に動きをつけてみましょう。
　グループ内で，お互いの動きを見てどのように伝わったかを言い合いましょう。

◇文字を声に出して動く　（絵本：五味太郎作『ことばのあいうえお』岩崎書店）

　50音順に一つの文字から始まる様々な言葉を絵にしています。まずは，絵に描かれた状況を想像して，その一文字を声で表現してみましょう。

ワーク5

- 50音のそれぞれの行には，音の響きによって一文字で次のような表現をしてみましょう。
　例）　ア行やハ行，マ行　　　　驚き・嘆き・安堵感　等
　　　　カ行やタ行　　　　　　　固い動き　等
　　　　サ行　　　　　　　　　　静かな動き　等
　　　　ナ行　　　　　　　　　　柔らかい動き　等
　　4から5人のグループをつくり，50音のそれぞれの行の一文字ずつに声や身体表現を使って，感情や状況を表現して5文字でショートコントをつくってみましょう。
　例）「あ」驚く　→「い」痛い　→　「う」苦しい　→「え」急な回復　→「お」安堵

(4) 手づくり楽器をつくって遊ぶ

　保育の現場では，身近な素材を使ってマラカスやギターなどをつくる様子がしばしば見られます。子どもたちにとって自分でつくった楽器で音を出すといったことは，既成の楽器を鳴らすこととは違った喜びがあります。自分でつくった自分だけの音を出すことで，音に対する意識が敏感になり，音楽を感じる力を身につけることができるようになります。よって，音楽表現における手づくり楽器は出来上がったものをただ鳴らすだけではなく。つくる過程において，素材による音の違いや鳴らし方の違いによる音の変化に気づくことが，とても大事な要素となります。

◇手づくり楽器をつくる上での留意点

・子ども達が見て，触ってみたいと思ってくれるような楽器であるように心がけて作成しましょう。

・子ども達が触れて危険なものでないように安全性を考えましょう。

・見て楽しいものであるように，子どもたちの身近なものを考えてみるのもよいと思います。

・触り心地・音の工夫，どのような音を出したいかを考えましょう。

・私たちの身の回りには，廃材処分されるものがたくさんあります。身近な資材を使って，たたく，振る，つま弾く，さする，擦る，息を吹きかけると，どんな音ができるのか耳を傾けましょう。

・発達過程によって様々な違いがあります。対象年齢を考えてつくることが大切です。

◇振って音を出す楽器

ガラガラ

［ペットボトルのふた］

① ビーズをペットボトルのふたの中へ入れる。

（豆やどんぐりでもよい）。

② ①にもう一つのふたを重ねてビニールテープで巻く。
（同じものをいくつか作る）
—ビニールテープ
—ビーズが入っている

③ ②を重ねて周りを布やフェルトで包んで，糸で縫い合わせる。

布やフェルトなど

［ガチャポンのカプセル］

① ビーズをカプセルの中に入れる（豆やどんぐりでもよい）。

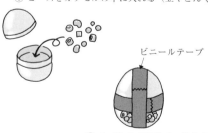

ビニールテープ

② カプセルを閉じて，周りをビニールテープで巻く。

［シェーカー］

① 空き缶を洗った後，よく乾かしておく。

② 一握りくらいのお米を飲み口から入れて，テープでふさぐ。

お米

テープ

③ ボール紙を缶の両端の大きさに合わせて切ってのりづけする。

④ 色紙や好きな模様の紙を貼る。

鳴らし方／缶を水平に前後に持って，元気よく前後に振りましょう！
　　　　前後に振った後に少しとめるようにすると，シャキッ！シャキッ！と歯切れのいい
　　　　音になります。
ワンポイントアドバイス／缶の中に入れるものや量で音の感じがどのように変わるか試してみ
　　　　ましょう！

◇たたいて音を出す楽器

［でんでん太鼓］

　昔なつかしい日本の伝統玩具です。テケテケテケと可愛い音がします。

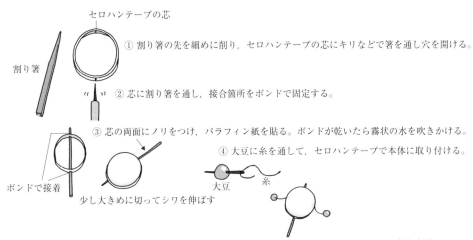

セロハンテープの芯

① 割り箸の先を細めに削り，セロハンテープの芯にキリなどで箸を通し穴を開ける。

割り箸

② 芯に割り箸を通し，接合箇所をボンドで固定する。

③ 芯の両面にノリをつけ，パラフィン紙を貼る。ボンドが乾いたら霧状の水を吹きかける。

④ 大豆に糸を通して，セロハンテープで本体に取り付ける。

ボンドで接着

少し大きめに切ってシワを伸ばす

大豆　　糸

⑤ 大豆の当たる場所に丸く切った丈夫な紙を貼って，上から色紙も貼る。

ワンポイントアドバイス／大豆に通した糸の長さに注意しましょう。

◇吹いて音を出す楽器

ストロー笛

① ストローの先の真ん中より1cmほど右側から斜めに切り取る。

② もう一方の切っていない方も①と同じように切る。

斜めにカット　　先がずれている

鳴らし方／ストローの吹き口の2cmぐらいのところを持って，唇に軽くあたるようにくわえます。

　ストローの先を，上の歯と下の歯，舌の先も使って指で軽く押さえて，思いっきり吹きましょう。

ワンポイントアドバイス／左右を同じ長さに切り取りましょう。

　先に向かって切ると，先がずれてしまい鳴りにくくなるので，先がずれないように切りましょう。

　音がキュッといって止まったときはストローの先の噛みすぎです。

　スーッと空気がもれる音がするときは，ストローの先を少しふさいでみましょう。

◇はじいて音を出す楽器

牛乳パックのギター

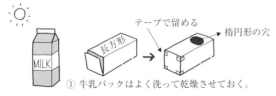

テープで留める　　楕円形の穴

長方形

① 牛乳パックはよく洗って乾燥させておく。

② 注ぎ口にハサミを入れて長方形の箱にして，セロハンテープで隙間をふさぐ。

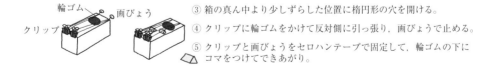

輪ゴム　　画びょう

クリップ

③ 箱の真ん中より少しずらした位置に楕円形の穴を開ける。

④ クリップに輪ゴムをかけて反対側に引っ張り，画びょうで止める。

⑤ クリップと画びょうをセロハンテープで固定して，輪ゴムの下にコマをつけてできあがり。

鳴らし方／輪ゴムを指ではじきましょう。コマの位置を変えると音の高さが変わります。

ワーク6

・「しあわせならてをたたこう」の曲に合わせて。手作り楽器で合奏しましょう。

しあわせならてをたたこう

作詞：木村　利人
アメリカ曲

しあわせな らて をた た こう（拍手）し あ わ せな らて をた た こう（拍手）し あ

わ せな らた いど で し めそ うよ　そ ら みん な でて をた たこう（拍手）

ワーク7

・つくった楽器を使った活動を考えてみましょう。

　思いっきり大きな音や，できるだけ小さな音で鳴らしてみましょう。

　指揮者（保育者もしくは子ども）の動作に合わせて，即興演奏に挑戦してみましょう。

　リズムの例を参考に，自分のリズムをつくってみましょう。

　自分のリズムが決まったら，音楽に合わせて鳴らしてみましょう。

≪リズムの例≫

4　つくる活動の実践

⑴　子どもの歌を基にした物語をつくって演じる

　子どもの歌には，ストーリー性を持った歌が多くあります。それらの歌を基にして，子ども
たちと表現遊びをつくって遊んでみましょう。

♪参考曲　　『南の島のハメハメハ大王』

　作詞：伊藤アキラ　　作曲：森田公一

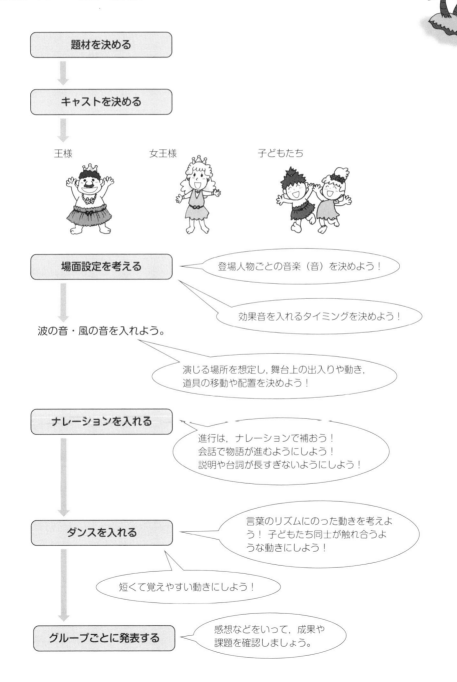

⑵　音楽劇をつくって演じる

　総合的なつくる活動として15人程度のグループをつくり，音楽劇を取り上げます。

　つくる活動を共同作業で行う中では，想像性や創造性から生まれる表現力，制作過程での人間関係，リーダーシップの育成など，体験することで学習できることが多く含まれています。子どもたちとつくる活動を行うにあたって，まずは自分たちで音楽劇をつくり，そこで様々なことを体験し感じることで，子どもたちへ表現することのむずかしさや喜びを伝えられるのではないかと考えます。

構成の例

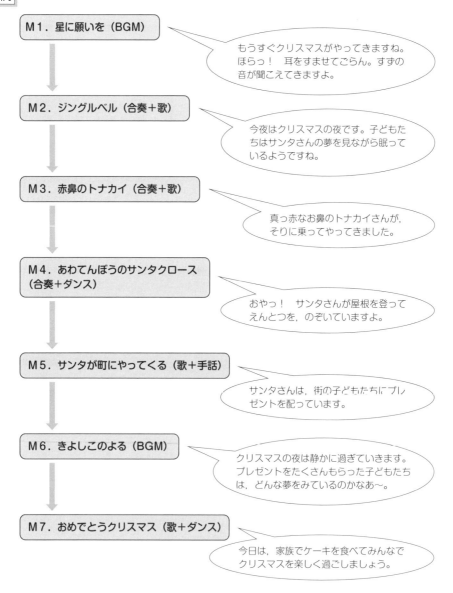

制作手順の例

クリスマスを題材にした音楽劇をつくる

資料収集をする
クリスマスに関する曲を選ぶ
曲順を決める

曲順に沿って物語のあらすじと構成を考える
歌・ダンス・音楽・ナレーションの挿入部分を考える

役割分担を決める
配役＝セリフや場面展開を考える
時間があれば小道具なども考える

音楽＝合奏などによる歌やダンスの音楽／効果音／BGMなどを考える
ダンス＝振付を考える

パート練習をする

総合練習をする

グループごとに発表をする

お互いの発表を見て意見交換を行う

ワーク8

・生活発表会をイメージした音楽劇のつくり方について，以下のポイントを参考にしてつくってみましょう。

◇題材選び
・子どもが理解しやすくて興味が持てるような，子どもの発達に添った内容を行考慮する。
・子どもたちが好きな絵本や昔話から選ぶ。
・日常の子どもたちの様子を基に，オリジナルの作品に取り組む。

◇脚本作り
・配役は子どもの得意とするものや性格など反映する。
・物語の幕間は，音楽やナレーションを挿入するとスムーズに進行できます。
・子どもの発達過程に合わせて，単純で分かりやすい台詞を子どもと一緒に考える。
・効果音・歌詞・ダンス・音楽を入れるタイミングを台本に書き込む。
・舞台上の出入りや動き，道具の配置や移動方法，照明等なども書く。

◇使用する音楽の選曲および，使用方法
・曲数は多くなるとまとまりがなくなるので，あまり多くならないようにする。
・物語の中心になる曲や登場人物毎のテーマ曲を決めると，場面転換等に役立ちます。

◇演出について
・効果音は，手づくり楽器や身近な題材にも目を向ける。ピアノを使う場合は，メロディーを弾く他に，コード奏法を活用することや時には打楽器のように弾くなどしてみる。
・場面転換の間やナレーション等のBGMとして音楽を挿入する。
・衣装や大道具・小道具については，できるだけ子どもたち自身で作製する。
・劇中の動きは舞台の広さや，動線を配慮して考える。
・配役は子どもの個性を最大限に生かし，自信をもって演じられるように心がける。

📖 引用・参考文献
石丸由里『こどものリトミック』（アド・グリーン保育実技選書）アド・グリーン企画出版，1989年
河合正雄『ほーほーおじさんと手づくり楽器をつくろう』音楽センター，2005年，pp.8~11，14~15
芸術教育研究所・おもちゃ美術館編『手づくりおもちゃで孫と遊ぼう』黎明書房，1998年，pp.34~35

第 **9** 章

指導（保育）案について考えてみよう！

　幼稚園実習や保育園実習で部分実習および，責任実習を行う際には，自分の考えた保育内容をまとめた指導（保育）案の作成を行います。指導（保育）案には大きく２つの役割があります。１つは，自分が行う具体的な活動内容を言語化して他者（指導担当者等）へ伝える。もう１つは，子どもたちとの活動の事前事後指導を受けた際の記録や振り返りの際など，自分自身のために役立てます。

　ここでは音楽表現を主とした指導案の考え方を中心に，実際の指導案を参考に指導案の書き方や保育の実践について，考えてみましょう。

　　1　音楽表現を主とした指導案の考え方とポイント

　　2　指導案の書き方と活動内容の展開

　　3　指導案例と保育の実践

1 音楽表現を主とした指導案の考え方とポイント

指導案の様式は養成校によって異なりますが，おおむね以下の項目が挙げられます。ここでは，選択した活動とそれぞれの項目の関係性について考えてみましょう。

① **対象年齢**と**人数**は，子どもの発達過程を表します。

実施日については，月齢による発達過程の違いや季節に関係することから，対象年齢を含むこの項目は，すべての項目の基準となります。

② **こどもの実態**は，実際に活動を行う対象児の現状を把握することで，ねらいや内容が定まります。よって，普段から子どもたちの姿をしっかりと観察しておくことが大切です。

③ **ねらい**は，①と②をもとに子どもたちに経験してほしいことや育みたいことを，具体的に示したものを2～3つくらいに絞って考えましょう。評価や振り返りの観点となる重要な部分です。

④ **内容**は，ねらいを達成するための手段として行う具体的な活動について考えます。

⑤ **時間**（活動の流れ）は，あくまでも予想される活動の流れの時間配分として考え，実際の保育の中では，子どもたちの様子を観察しながら臨機応変に対応しましょう。

⑥ **予想される子どもの動き**は，あくまでも子どもたちが主体となって活動できるように，活動する子どもたちの姿をイメージしながら考えましょう。子どもたちの発達過程の違いによる時間差にも留意したうえで，興味・関心を持てる進行を考えましょう。

⑦ **環境構成**については，図で示した方が時間や空間の把握がしやすいことがあります。また，準備するものや用具の個数・種類・置き方や，保育士の立ち位置と子どもたちの姿も環境構成としてとらえ図で示すことで，より具体的にイメージしやすくなります。この場合は，簡単な説明を書いておくとより分かりやすくなります。

⑧ **保育士の援助の留意点**は，時系列に沿って活動における子どもへの援助や留意することについて検討します。その際，ねらいを達成するための視点を忘れないようにしましょう。また，子どもたちが主体的に活動できるような言葉がけについては，口調・テンポ・タイミング・声の強弱等を効果的に使い分けましょう。言葉による手順等の説明については，あまり長くならないように心がけ，擬音を使うなどして感覚的な伝え方で子どもたちの興味を惹きましょう。進行について指導案に書く際には，「○○させる」といった命令形での言い回しではなく，「○○するように促す」といった語尾にすることで，子どもの主体性を尊重し活動を意識することができる。

⑨ **反省のポイント**（考察）は，ねらいを中心に振り返ることで，思うようにいかなかった部分の理由を具体的に考えて，次の機会に反映できるようにしましょう。

指導案（設定保育）の書き方のポイント

年　　　組　　　番　氏名

①（　）歳児保育指導案	②子どもの実態	③ねらい	・子どもの実態を基に，発達過程における事象について，充実させたい事や，次へのステップとして経験を促したい事を，1つ〜2つ程度に絞って具体的に考える。 ・反省のポイントや評価の観点となる。 ・「〜できる」というような到達目標表ではなく，子どもの心情，意欲，態度にかかわるものとして考える。 　語尾の例）「〇〇を楽しむ」「〇〇を経験する」等 　例）ビート・フレーズなどの基本的な音楽的要素を体験する 　例）いろんな音に興味を持つ 　例）想像力や創造力，コミュニケーション能力の育成を図る
年　　　月 （月齢を配慮する） 女児　　　名 男児　　　名 計　　　名	・幼稚園教育要領，保育所保育指針，認定こども園教育・保育要領を参考に，生活習慣・身体・言葉・社会性等の視点を中心に対象年齢に応じた発達の様子を書く。 　例） ・5領域等の活動内容に応じた，ねらいに繋がる子どもの発達の現状を具体的に書く。 　例）	④内容	・ねらいを達成に即した活動内容（手段）を，子どもの視点から選択する。 　例）「フルーツバスケット」「ひな祭りの制作」「新聞紙あそび」「手づくり楽器を作ろう」等の活動を楽しむ。

⑤時間／活動の流れ	⑥予想される子どもの活動・⑦環境構成・⑧保育士の援助及び留意点
起（導入） あまり長くなりすぎないように気を付ける	※それぞれの項目の線引やレイアウトは，視覚的な側面から誰にでも伝わりやすい形を考え工夫する。 ※時系列に沿って横軸を揃える。 ・手あそびなどを使って，活動の始まりを促す。
承（主な活動の開始） 大まかな時間の流れと，活動項目を考える	**予想されるこどもの活動** ・活動の流れをイメージして考える。 **環境構成** ・保育者と子どもの向き合い方や部屋のレイアウト，準備物等を図を用いてイメージする。図には，簡単な説明書きを加える。 ・子どもが主体的に動ける環境を整える。 ・準備物や個数についても書く。 **保育者の援助及び留意点** ・予想される子どもの活動について，子どもが自ら取り組みたいと思う姿勢や，子どもの気づきを引き出す方法を考える。
転（活動の展開） ねらいを達成する場面を考える	**音楽表現活動の展開や保育者の援助及び留意点のヒント** ・季節の行事や発達過程意識した（ねらい）に即した活動を選択する。 ・活動の流れは，「静」と「動」，「集中」と「発散」のバランスを心がける。 ・テンポ・大小・高低・ニュアンスの変化や遊びにアレンジを加えることで，音楽の要素を体験できるようにする。 ・活動の展開は，「知っている遊び」から替え歌などをして遊びを変化させて楽しむ。 　例）「ひげじいさん」→「アンパンマン」バージョン etc. ・同じ遊びでも発達過程に合わせて，ルールの変化や遊び方を工夫することで楽しむことができる。 ・遊び自体を楽しみ，しつけの道具にならないように留意する。 ・子どもへの援助や説明については，分かりやすい言動を心掛け自信を持って行う。 ・音感や手指の発達，身体の協応，想像やみたて，仲間との一体感等を考慮する。
結（活動の終わり） 活動のまとめや次に向けての期待を持たせる終わり方を考える	・活動終了の目安（子どもたちの活動に対する満足度や片付けの方法やタイミング）を図る。

⑨反省のポイント
・ねらいは達成できたか，・次なる課題は何か　等

✿ 2 指導案の書き方と活動内容の展開

　次に、「おしゃべりなアヒル」(作詞/作曲：成田和夫) を使い、異年齢での活動を考えた指導案例を通して、指導案全体のレイアウトと異年齢による活動内容の展開について考えてみましょう。

【3歳児の指導案】　指導案例①

　子どもの実態に合わせて歌に分かりやすい振りを付けることで、歌詞の意味を感覚的にイメージできます。ねらいを明確にすることで、声や身体を使った表現を経験します。時間の経過に沿って、指導案上に①②③④⑤と番号を付けて横軸を揃えることで、活動の流れが理解しやすくなります。環境構成の図については、言葉による簡単な説明を入れます。予想される子どもの活動は、主語が子どもになるようにします。④で使用する曲の楽譜等は資料として別に用意しておき、小節数を書き込むことで具体的にイメージしやすくなります。保育者の援助及び留意点の部分は、語尾が命令形にならないことで、活動を通してねらいの達成へとつながります。

【4歳児の指導案】　指導案例②

　子どもの実態は活動のねらいを達成するにあたっての、子どもたちの現状を把握する部分なので、全体的な発達過程に加えて、ねらいに関する項目もあるとよいです。3歳児のねらいの語尾が「〜を味わう」から、4歳児は「想像力を養う」「興味をもつ」と変化しています。

　内容についても、3歳児での鳴き声と身体表現の模倣から、楽器づくりへと発展しています。環境構成については、準備物が記載されていますが、個数等も加えることが望ましいでしょう。予想される子どもの活動には、ねらいに挙げた音に興味をもつといった音楽表現活動ならではの部分が書かれています。それに対する保育者の援助及び留意点が「気づかせる」と命令形になっていることが残念です。その他にも語尾が「○○させる。」といった命令形になっている部分が見受けられます。反省のポイントは、ねらいについての項目が挙げられています。

【5歳児の指導案】　指導案例③

　子どもの実態は全体的な発達過程に加えて、子どもたち同士での遊びの様子が書かれておりねらいに挙げられたコミュニケーションの育成に通じます。環境構成については、図についての説明があって理解しやすくなっています。しかし、全体的に命令形の文言が見受けられるので、語尾に気を付けましょう。予想される子どもの活動は、具体的な動作が箇条書きにすることで分かりやすくなっています。また動きについては決められた場所だけでなく、自分で考えて自由に動く場面が設けられているところは5歳児ならではの展開であり、ねらいに書かれたコミュニケーション能力の育成に係る部分であります。保育士の援助及び留意点は、語尾の命令形は気になるものの、援助の方法が具体的に示されています。反省のポイントについては、導入に行った絵本が効果的であったか、身体表現における援助は適正であったかが示されています。

指導案例①

（ 3 ）歳児保育指導案 もみじ 組 平成27年 1月 29日（木） 男児 11名 女児 10名 計 21名 保育者（実習生）	子 ど も の 実 態 ・友だちと共通のイメージを持ち、いろいろな表現で楽しく遊べるようになってきた。 ・簡単なルールのある遊びを楽しめるようになってきた。	ね ら い ・友だちと一緒に活動することで同じリズムを共有する楽しさを味わう。 ・本物の動物をイメージしながら、その動物になりきるおもしろさを味わう。
		内 容 ・たくさんの動物の鳴き声や動きのマネをしてみよう。 ・友だちと一緒に「おしゃべりなアヒル」で遊ぼう。

本日（時）の活動

時間・活動の流れ	環境構成・予想される子どもの活動・保育者の援助及び留意点		
	環境構成	予想される子どもの活動	保育者の援助及び留意点
10:00 ①手あそびをする。 ①絵本を読む。	① P T 保育者が見える位置に座る 〈準備するもの〉 ・絵本「たのしい音あそびえほんゆかいなどうぶつえん」	①「はじまるよ」をする。 ・「たのしい音あそびえほんゆかいなどうぶつえん」を読む。聞く。 ・絵本の中に出てきた鳴き声を好きなようにマネしてみる。 ・一番お気に入りの鳴き声は何だったのかを聞き、各動物ごとにマネしてみる。	①幼児全員が座ってから行う。 ・動物の鳴き声を流した後、擬音語に直して一度読む。 ・幼児がマネをしやすいように保育者は動物の特徴を捉えて、楽しそうにマネをする。 ・幼児一人ひとりの声をしっかりと聞き、褒める。
10:10 ②動物の鳴き声をマネする。	② P ・空間を広く使う。 子どもたちの中に入る。	②絵本の中以外の動物の鳴き声をマネして遊ぶ。 ・鳴き声をマネしたら、それに動きも加えてみるこのとき、怒っている時や眠たい時など動物たちの気持ちに合わせた鳴き方や動きにも挑戦してみる。	②幼児を褒めることで、その主体性を認め、どのような動物をマネしてけたいのか積極的に発言できるような雰囲気を作る。 ・保育室の中を広く使い、幼児一人ひとりが伸び伸びと動くことができるような環境を整える。
10:20 ③「おしゃべりなアヒル」をする。	③ P T ・自由に動く	③マネをしたたくさんの動物の中からアヒルを選んでマネをする。 ・みんなでアヒルの鳴き声のマネをして、アヒルが実際にはどのような動きをするのか考えてみる。 ・一度曲を聴いて、どのような曲なのかを知る。 ・動きをつけて、保育室を広く使い、自由に歩き回って活動を行う。	③他の動物で幼児がどうしてもやりたい動物がいたら臨機応変に対応し、動きや歌詞を変える。 ・幼児がアヒルのことをイメージしやすくなるような言葉かけをする。→「アヒルさんが羽をバタバタしているよ」など ・ピアノを弾くとき、強弱をつけたり、スピードに緩急をつけたりすることで、幼児がリズムや動きの違いを楽しむことができるようにする。 ・保育者がお手本となるように大きな動きでする。
10:30 ④友だちと一緒に「おしゃべりなアヒル」で遊ぶ。	④ T P ・二人組をつくる	④1～4小節のところで近くの幼児と同じ向かい合わせになって歌う。 ・5～8小節のところで仲間を増やす。 ・9～16小節のところで増えた仲間全員と歌う。	④二人組を作れていない子はいないか気を配り全員が誰かと一緒に歌うことができるように言葉かけをする。→「たくさんのお友だちアヒルさんを見つけてね」など ・曲のスピードや高さを変えて、幼児がリズムの違いなどを感覚で感じることができるように
10:40 ⑤感想を言う。	⑤ ・①の体系に戻る。	⑤ ・実際にやってみて思ったこと、感じたことを言う。	⑤工夫する。 ・アヒル以外の動物たちにも関心が向くような言葉かけをする。→「猫はクマさんでもやってみようね」など。 ・幼児の気持ちを受け止め、次の保育へ生かす。

反省のポイント
・幼児一人ひとりが積極的に活動・発言をしていたか。
・幼児主体の活動になっていたか。
・リズムにのって笑顔で活動を行っていたか。

指導案例②

| （4）歳児保育指導案
ふじ 組
平成27年 9月 1日（火）
男児 17名
女児 15名 計32名
保育者（実習生） | 子どもの実態
・全身のバランスをとる能力が発達し、体の動きがスムーズになる。
・身近な環境に積極的に関わるようになる。
・想像力が豊かになり、目的を持って行動するようになるが、結果を予想し不安になるなどの葛藤が生まれる。
・けんかが増えてくるが決まりの大切さに気持ち守ろうとする。
・少しずつ自分の気持ちをおさえられたり、我慢ができるようになってくる。 | ね
ら
い | ・アヒルの鳴き声をマネしたり、曲に合った振りをすることで想像力を養う。
・身近にあるものを使って音を作ることで様々な音に興味を持つ。 |
| | | 内
容 | ・「おしゃべりなアヒル」という歌を知り、友達と歌ったり踊ったりする。
・身近にあるものを使って楽器をつくる。 |

本日（時）の活動

時間・活動の流れ	環境構成・予想される子どもの活動・保育者の援助及び留意点		
	〈環境構成〉	〈予想される子どもの活動〉	〈保育者の援助及び留意点〉
10:20 ○様々な動物の鳴き声をする。	・子ども全員が見える位置	・動物園に行ったときのことを思い出し、どんな動物がいたか、どんな鳴き声だったかを話す。 ・自分が好きな動物を選んで、実際にその動物になりきって鳴き声をマネする。	・保育者は子ども全員が見える位置に立つようにする。 ・子どもが自由に意見を言うことができるような雰囲気をつくる。 ・動物の発言が少なかったときはヒントを与えるなどして、子どもたちが思い出しやすくなるように工夫する。
10:30 ○「おしゃべりなアヒル」を歌う。	・自由に動き回れるように。	・たくさんの動物の中からアヒルを選び、鳴き声のマネをする。 ・歌詞に合った振付けを考える。 (1) 考えた振付けを覚える。 (2) 自由に動きながらダンスしたり、歌ったりする。 (3) 1〜8小節の擬音のところは近くの人と向い合せになって歌う。 9〜16小節は仲間を増やしていく。	・アヒルの鳴き声をマネした後、「おしゃべりなアヒル」の歌詞を読み、子どもたちにどのような内容の歌なのかを知ってもらうとともに想像しやすくする。 ・「おしゃべりなアヒル」が楽しくなるように、子どもの様子を見ながら、曲の速さやリズムに変化をつける。 ・子どもたちが夢中になりすぎて、走ったりぶつかったりしてしまいがちなので遊びながら声をかけるなどして安全面には十分に気をつける。
10:45 ○コップ楽器を作り、1人1つずつ作る。	・製作ができるように。 〈準備物〉 ・紙コップ ・糸 ・テープ ・ウェットティッシュ ・子どもの意見をきけるように。	・みんなで協力して机とイスの準備をする。 ・どのように音を出すのかを考え、発言する。実際に鳴らす中で紙コップやプラスチックなど素材や大きさによって音が変化することに気づく。 ・各グループで素材が違うものを使ってコップ楽器を作る。 ・作った楽器を使い、「おしゃべりなアヒル」を歌う。	・コップ楽器を見せて子どもたちにどのようにしたら音が鳴るかをグループごとに発表してもらい、考える場を与える。 ・様々な種類のものを用いることで素材や大きさが変わることで大きく音も変化することに気づかせるも気づくような諱けを行う。 ・子どもたちの前で一回作ってみせることで視覚から教える。 ・自分だけの楽器を作るためにペンやシールなども準備しておく。
11:05 ○活動を振り返る。		・動物の鳴き声のマネをしたり、「おしゃべりなアヒル」を歌ったり、コップ楽器を作ったりして楽しかったことや難しかったことなどを話す。	・何人かの子どものコップ楽器を紹介し、様々な工夫に気づかせも気づかせるをうながす。 ・多くの子どもの意見を聞けるようにする。

反省のポイント　　　　　　　　　　ねらいの達成

・動物の鳴き声や動きをマネすることで想像力を養うことができたか。

・身近なもので楽器を作ることで音に興味を持つことができたか。

指導案例③

（5）歳児保育指導案　年長　組 平成26年4月30日（水） 男児　15名 女児　15名 計 30名 保育者(実習生)	子どもの実態 ・基本的な生活習慣が身に付き、運動能力はますます伸び、喜びで運動遊びをしたり、仲間と共に活発に遊ぶ。 ・言葉によって共通のイメージを持って遊んだり、目的に向って集団行動することが増える。	ねらい	・コミュニケーション能力を育成する ・音に興味を持つ
		内容	・音遊びを楽しもう。

本日（時）の活動

時間・活動の流れ	環境構成・予想される子どもの活動・保育者の援助及び留意点

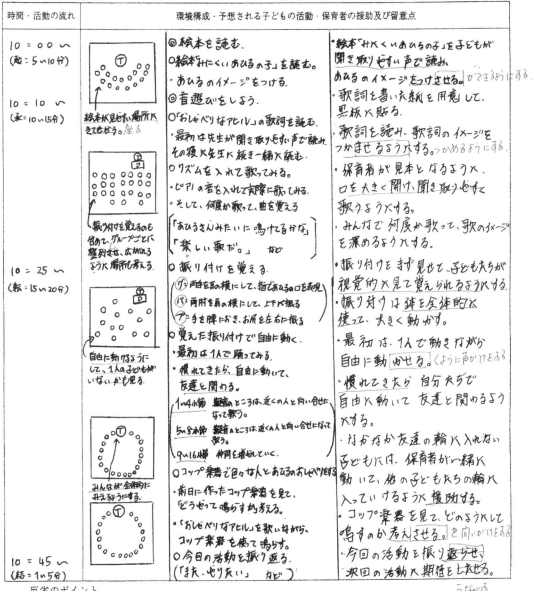

時間・活動の流れ	環境構成・予想される子どもの活動	保育者の援助及び留意点
10：00〜 (起：5〜10分)	◎絵本を読む. ○絵本「みにくいあひるの子」を読む。 ・あひるのイメージをつける.	・絵本「みにくいあひるの子」を子どもが聞き取りやすい声で読み、あひるのイメージをつけさせる。ができるようにする.
10：10〜 (展：10〜15分)	◎音遊びをしよう. ○「おしゃべりなアヒル」の歌詞を読む。 ・最初は先生が聞き取りやすい声で読みその後に先生に続き一緒に読む。 ○リズムを入れて歌ってみる。 ・ピアノの音を入れて実際に歌ってみる。 ・そして、何度か歌って、曲を覚える 「あひるさんみたいに鳴けるかな」 「楽しい歌だ。」　など	・歌詞を書いた紙を用意して、黒板に貼る。 ・歌詞を読み、歌詞のイメージをつかませるようにする。つかめるようにする. ・保育者が見本となるように、口を大きく開け、聞き取りやすく歌うようにする。 ・みんなで何度か歌って、歌のイメージを深めるようにする。
10：25〜 (転：15〜20分)	○振り付けを覚える。 グ 両手を耳の横にして、指であひるの口を表現 パ 両肘を肩の横にして、上下に振る ア 手を腰におき、お尻を左右に振る ○覚えた振り付けで自由に動く。 ・最初は1人で踊ってみる。 ・慣れてきたら、自由に動いて、友達と関わる。 1〜4小節 最後のところは近くの人と向い合せになって歌う。 5〜8小節 最初のところは近くの人と向い合せになって歌う。 9〜16小節 仲間を増やしていく。 ○コップ楽器で色々な人とあひるのおしゃべりする。 ・前日に作ったコップ楽器を見て、どうやって鳴らすか考える。	・振り付けをまず見せて、子どもたちが視覚的に見て覚えられるようにする。 ・振り付けは体を全体的に使って、大きく動かす。 ・最初は、1人で動きながら自由に動かせる。ように声かけをする。 ・慣れてきたら 自分たちで自由に動いて 友達と関わるようにする。 ・なかなか友達の輪に入れない子どもには、保育者が一緒に動いて、他の子どもたちの輪に入っていけるように援助する。
10：45〜 (結：1〜5分)	・「おしゃべりなアヒル」を歌いながら、コップ楽器を使って鳴らす。 ○今日の活動を振り返る。 「また、やりたい」　など	・コップ楽器を見て、どのようにして鳴すのか考えさせる。を問いかけをする。 ・今回の活動を振り返らせ、次回の活動に期待をもたせる。

反省のポイント　　　　　　　　　　　　　　　　うながす.

・絵本を読んで、子ども1人1人がどのようにしてあひるを表現することができたか!

・振り付けを覚え、1人で動きを入れた後に、どのようにして友達に関わっていくか.

3 指導案例と保育の実践

　これまで音楽表現活動を，聴く・歌う・奏でる・動く・つくるに分類して学習してきました。ここでは，それぞれの活動ならではの視点から指導案を考えてみましょう。そうすることで，指導案を基に保育の実践の過程で思うようにいかなかった場合や，思ったより子どもたちの反応がよかった場合での対応や展開が考えやすくなります。

ワーク１

- 4～5人のグループで，次に挙げた表現活動を主とした指導案の具体例の内容について，参考になる点や，改善点などを話し合ってみましょう。

◇指導案例④　「小さいかめさん」（p.30参照）
　　対象：２歳児／動く活動
　　ポイント：言葉のニュアンスに伴う動きの変化を伝えることができているか。

◇指導案例⑤　「しあわせならてをたたこう」（p.144参照）
　　対象：３歳児／歌う活動⇒奏でる活動
　　ポイント：活動の切り替えがスムーズに行われているか。

◇指導案例⑥　「にんにんにんじゃ」（p.17参照）
　　対象：４歳児／動く活動
　　ポイント：子どもたちの動きの質を受け止めることや空間の把握ができているか。

◇指導案例⑦　「サウンドバスケット」（p.57参照）
　　対象：５歳児／聴く活動
　　ポイント：音の聴き分ける際の集中力が保てる環境がスムーズに整えられているか。

◇指導案例⑧　「おおかみと７ひきの子ヤギ」を演じよう！
　　対象：５歳児／つくる活動
　　ポイント：子どもたちの活動が主体的に行えるような工夫はなされているか。

表現活動を主とした指導案の具体例

指導案例④　動く活動　「小さいかめさん」─対象 2 歳児─（p.30楽譜参照）

（2）歳児保育指導	子どもの実態	ねらい
2019年11月 女児　13　名 男児　17　名 計　30　名	・歌詞にでてくる体の部分が分かる。 ・擬音語を聞いて体の動かし方が分かる幼児もいれば、月齢が低く、どうしてよいか困る幼児もいる。	・体の部分が正しく分かり、体を動かすことの楽しさを知る。 ・かめをイメージしながら曲に合わせて踊る。 内容 ・体を伸ばしたり交互に動かしたりする。 ・歌いながら体を使って表現する。

本日の活動

時間／活動の流れ	予想される子どもの活動・環境構成・保育士の援助及び留意点		
	環境構成	予想される子どもの活動	保育者の援助及び留意点
10：00 起（導入） 絵本を読む。		○絵本「おおきいかめ ちいさいかめ」を聞く。 ・かめがどのような生き物なのか知り、イメージする。	・かめに対しての共通理解が成されるように、絵の大きな絵本を選び、幼児が見やすいように読む。
10：10 承（主な活動） ピアノに合わせて歌を歌う。	 ピアノの周りを囲むように座る。	○「小さいかめさん」のピアノ演奏を聞いて保育者と歌う。 ・音に合わせて歌詞を覚えながら歌う。	・幼児の手本になるように、ゆっくりと大きな声で歌う。 ・「パタパタ」や「ニュー」という擬音語は、それに適した口調で歌うことで、幼児の歌うことへの意欲が高まる。
10：20 転（主活動の展開） 覚えた歌に動きを付けて表現する。	 空間を広く使う。 右手・左手・右足・左足を交互にゆっくりと動かす。お友達とぶつからない距離感に配慮する。 背中を反らして、顔を上げる。	○保育者の動きを真似て体を動かす。 ・音に合わせて体を動かす楽しさを知る。 「上手にできた」「歌いながらできる」「ここが難しいね」など。 ・リズムに合わせて体を動かす。 ・「パタパタ」、「ニュー」、「こんにちは」などの歌詞をよく聞いて、同じタイミングで手を上げ下げしたり、首を伸ばしたり、おじぎをしたりする。 ・体を動かすことで、ピアノ以外の音に触れる。（足や手が床につく音など） 「体を伸ばすと気持ちいいね」「パタパタしたら音が鳴るね」など。	・幼児が動きを把握できるより、体を大きく動かして見せる。 ・どうしてよいか分からず困っている幼児には、全体を見つつ、個別で一緒にしてみる。 ・動きが同じでない幼児には訂正したりせず、主体的で自発性を伴った活動になるよりにする。 ・けがをする危険のある動きをしていないかよく見る。 ・「くびをニュー」で体が上手く反れない幼児には、保育者が体を支えるなどの援助をする。 ・「体を動かすと気持ちいいね」、「すこし難しいね」など、幼児の気持ちを代弁して一緒に活動を楽しむ。 ・全ての幼児の姿をほめ、自己肯定感を高める言葉がけをする。
10：35 結（活動の終わり） 簡単に活動を振り返る。	 次の活動に切りかえられるように元の体系に戻る。	○体使いの楽しさや難しさを知り、次の活動に切りかえる。 「お母さんにも教えるね」「ここが上手にできたよ」など。	・かめでなく他の動物の動きについても触れて、幼児の想像力を養う。 ・幼児の言葉に共感し、次回の活動に意欲が高まるような言葉がけをする。

反省（考察）ポイント

・月齢差の大きな幼児全員に適した内容だったか。

・自発的で主体的な幼児の姿が見受けられたか。

・ねらいが達成できていたか。

指導案例⑤　歌う活動⇒奏でる活動　「しあわせならてをたたこう」―対象３歳児―（p.144参照）

（３）歳児保育指導案	子どもの実態		
平成30年11月 女児　10名 男児　10名 計　20名	・自我がはっきりしてくるとともに、話し言葉の基礎ができて、知的興味や関心が高まる。 ・友達との関わりが多くなっているが、平行あそびをしている。	ねらい	・歌を歌いながら少しずつ、振りつけを加えて、総合的な表現ができるようになる。 ・みんなと一緒に楽器を奏でたり、交代で鳴らすことができる。
		内容	・自分だけの楽器を作り、音の強弱を使い分け、関心を高める。 ・「しあわせならてをたたこう」の歌詞に工夫を入れ、楽しくみんなで歌う。

本日の活動

時間／活動の流れ	環境構成・予想される子どもの活動・保育士の援助及び留意点		
	環境構成	予想される子どもの活動	保育士の援助及び留意点
〈導入〉 10:00	〈歌を歌う〉	◎「しあわせならてをたたこう」を歌う ○教師と一緒に歌う。 ○教師と向かい合わせになって、歌詞が変わったとき、振りつけを変える。「あわせなら○○たたこう」 ・肩：自分の肩をたたく ・足踏み：2回、3回数を変える ・ジャンプ：2回上に飛ぶ ・2人組で手をたたき合う	・子どもたちの様子や動きが1人1人見ることができるように、位置に立つ。 ・歌うときは、始めはゆっくり歌い、慣れてきたら、スピードをあげる。 ・振りつけに子どもたちがついてこれるように大きく、わかりやすくする。
〈展開①〉 10:10	〈2人組になる〉		・違う歌詞をする前に、「次からは先生が言うところをたたいたり、たいったりしよう」などの声かけをする。 ・けんかになったり、ペアができていない子がいたりしないようにするために、目を配る。
〈展開②〉 10:25	〈楽器を作る〉	○楽器を作る。 ・音をきいて、この楽器を作るんだと認識する。 ・教師の作り方をみて、作り方を知る。 ・材料をもらい、豆やどんぐりをペットボトルに入れ、飾りをつける。	・音を鳴らして、「なんの音？」など、子どもたちの興味や関心をもたせたので、見守らずに臨む。 ・子どもたちが好きなものを選んで、ペットボトルに入れるのに、色々な種類のものを用意しておく。 ・作り方を見ていない子がいないようにするために、見やすい位置ではっきりと話をする。 ・作っているときは、たくさん中身を入れてしまっている子がいないか、キャップをしめてない子がいないかなど、配慮には歩く。
	〈準備する物〉 ・ペットボトル 280mL 　1人×1こ ×20 ・どんぐり　・おり紙 ・貝殻　・モール ・大豆　・セロハンテープ	 どんぐりや大豆、貝殻などを用意し、ペットボトル280mLの中に半分くらい入れる。ペットボトルに飾りをつけて、振ると音を鳴らす。	
10:50	〈楽器を使って歌う〉	○楽器を使って歌う。 ・「しあわせなら楽器ならそう」のときに作った楽器を鳴らす。 ・「小さくならそう」のときは小さく、大きくするときは大きくなどの強弱で演奏する。 ・楽器を交代したり、グループで分けてタイミングをズラして演奏する。	・楽器の楽しさを感じるために、好きなように音をならすようにする。 ・歌詞を変えるだけでなく、声のトーンや大きさで強弱を分け、子どもたちもそれに気付け、対応できるようにする。 ・交代で音を鳴らしたり、タイミングをつかむようにするために、グループに分け、大きく身ぶりを使い、と指示をする。
11:10			
〈まとめ〉 11:45	〈活動の振り返り〉	○片づける ・飾りの材料やどんぐりなどをグループで1か所にまとめる。 ・ペットボトル楽器は後ろの棚に並べる。 ○活動の振り返り ・楽しかったこと、工夫した所を発表する。 ・音を鳴らすときに気づいたことを話す。	・1人が片付けをしてしまわないように、「みんなで片づけをしよう」と声をかけながら材料を回収する。 ・楽器を使った感想を聞き、違う楽器や音にさらに興味がわくようにする。 ・お名前シールを見せって、いつでも使えるようにする。

反省のポイント

・歌を歌うだけでなく、振りつけや演奏ができているか、見守りながら援助できたか。

・2人組やグループで、子どもたちが協調性を身につけることができたか。

指導案例⑥　動く活動　「にんにんにんじゃ」―対象4歳児―（p.17楽譜参照）

（4）歳児保育指導		子どもの実態		ねらい	・音楽の リズムや速さを体で表現する楽しさを味わう。・なりきりながら動く楽しさを味わう。
2019年 9月		○一人で衣服の着脱ができるようになる。			
女児 11 名 男児 10 名 計 21 名		○スキップができ始める。 ○音楽に合わせて、リズミカルな反応ができるようになる。		内容	・ピアノの音に合わせて、「にんにんにんじゃ」をし、音の変化を体感する。

本日の活動			
時間／活動の流れ	予想される子どもの活動	環境構成	保育士の援助及び留意点
10：00 ・手遊びや絵本を読み、本時の活動へと繋げる。	○手遊び 『1ぽんと1ぽんで』をする。 〔「○○ができた！」「楽しい」など〕 ○絵本 『わんぱくだんのにんじゃごっこ』を読む。 ・静かに絵本をきく。 ○手遊び（アレンジ）『1ぽんと1ぽんで』をアレンジして『にんじゃのつくりかた』の手遊びをする。 〔「にんじゃになれたよ！」など〕	・子どもが全員見える位置。〈準備するもの〉絵本「わんぱくだんのにんじゃごっこ」	・子どもたちが見えやすい位置に立ち、全員が揃ってから始める。・手遊びの時は、子どもたちが分かりやすいよう、手の動きや歌を大きく、しっかりとする。・絵本の時は、口調など工夫しながら読む。・アレンジを加えた手遊びは、ゆっくりしながら、分からない子、出来ていない子がいないか確認しながらする。
10：15 ・「にんにんにんじゃ」のピアノをきいて、自由に表現する。	○先生の弾く「にんにんにんじゃ」をきく。・子どもたちは音楽をきいてどんな動きが良いか、自由に考え表現してみる。	・空間を広く使う。	・最初のピアノは、子どもたちが動きをイメージしやすいように、ゆっくりと、速さなどの表現をはっきりする。・子どもたちが動く時に、周りに危ない箇所はないか確認する。・子どもの動きや表現を褒めることで、主体性を高め、積極的な雰囲気づくりをする。・動きのイメージが上手くつかない子がいるのを考え、保育者がお手本としてやってみたり、アドバイスをしたりする。
10：25 ・「にんにんにんじゃ」をする。	○ピアノの様々なリズムや音の大きさに合わせて「にんにんにんじゃ」を楽しむ。 〔「速くなった！」「ゆっくりなった！」など〕		
10：35 ・「にんにんにんじゃ」にアレンジを加える。	○活動の中で、先生の「誰か来たぞー！」の声で子どもたちは壁や床に貼り付いたり、丸まって石に変身する。 〔「しー、ばれないように。」〕 ・再び曲が始まると、子どもたちは楽しく活動を再開する。	〈準備するもの〉・新聞紙 （数枚）→隠れる時のアイテムとして何枚か置いてみる。	・新聞紙を下に敷くことで活動中に転んでしまう子がいないよう、注意の声かけに加え、しっかりと見ておく。・ピアノの音を、大きくしたりリズムを変化させるなど子どもたちが多くの表現ができるように工夫する。
10：45 ・活動の振り返りをする。	○今日の活動の振り返りをする。 〔「楽しかった。」「○○が難しかった。」「またやりたい。」など〕	・子ども一人一人が見え、声がきこえる位置。	・今回の活動の振り返りをすることで、色々な表現を体でできたことに気づけるようにする。・子どもたちの感想を踏まえて、次の活動へ生かせるようにする。

反省（考察）ポイント

・子どもたちが楽しく安全に活動することができたか。

・活動を通して、音に合わせた体の動きを実感することができたか。

・静と動を表現することができ、日頃の活動へと繋げていけるか。

指導案例⑦　聴く活動　「サウンドバスケット」―対象５歳児―

（５）歳児保育指導		子どもの実態	ねらい	○色々な楽器の音に興味を持つ。
2019年 9 月		○様々な音を聞いて、その音を言葉で表現したり、楽器の音を楽しむ様子が伺える。		○音の高さがわかるようになり、それぞれの楽器がもつ音の違いを楽しむ。
女児　15 名 男児　10 名 計　　25 名		○簡単なルールを作ってゲームをしている姿を多く見ることができる。	内容	○サウンドバスケットのルールを知り、イメージを膨らませる。 ○サウンドバスケットで遊ぶ。

本日の活動

時間／活動の流れ		予想される子どもの活動・環境構成・保育士の援助及び留意点	
時間	環境構成	予想される子どもの活動【幼児の活動】	保育士の援助及び留意点
10:00 リズム遊びをした後、歌を歌う。	①すず ②タンバリン ③カスタネット ④トライアングル ⑤マラカス	◎リズム遊びをする。〈ミッキーマウス〉 ・楽器を1つずつ取り、ピアノの音に合わせて楽器を鳴らす。 ◎歌「おもちゃのチャチャチャ」を歌う。 ・歌に合わせて楽器を鳴らす。 ・「トライアングルがいい！」 ・「すず、綺麗な音だね。」 ・「マラカスの中は何が入ってるの？」など	○幼児が音楽に合わせやすいように知っている曲を弾く。 ○楽器を自由に鳴らせるように教師も一緒に弾く。 ○教師もピアノを弾きながら、一緒に歌う。 ○あらかじめ、列によって使う楽器を決めておき、幼児に楽器を渡していく。 ○列ごとに音を鳴らしていく。
10:10 サウンドバスケットのルールを聞いて、実際に遊ぶ。	○体育座りで背中合わせになり座る。 ○隣の人との間隔を空けて座る。	◎サウンドバスケットをする。 ・ルールを聞く。 ・「楽しそうだね！」 ・「難しそうだな」 ・「早くやりたい！！」　　　など ☆1つ楽器を鳴らし、自分の担当の楽器が鳴ったら移動し、別のところに座る。 ☆サウンドバスケットと言ったら、全員場所の移動をする。	○幼児が分かりやすいようなルールの説明をする。 ○ケガをしないように十分なスペースをとり、一人一人が目に入っておくようにする。 ○「サウンドバスケット」という声で全員が移動することを伝える。 ○楽器を鳴らす人は、皆の準備ができてから楽器を鳴らすよう伝える。
10:20 サウンドバスケットのルールを増やして遊ぶ	○ケガをしないようにスペースを広くとる。	◎サウンドバスケットのルールを増やす。 ☆鳴らす音を1つから2つに増やす。 ・2つの音を同時に鳴らす。 ・「すずとタンバリンだー！」 ・「2つの音が鳴ると難しい」 ・「もう一回！！」　　　など	○幼児がざわざわしていたら音が聞こえないので、静かにするように伝える。 ○鳴らしにくい楽器は幼児と保育者が同時に1つずつ鳴らす。 ○幼児が楽器の名前と楽器の音を同時に覚えられるように「今の音は何の楽器だった！？」などと声掛けをする。
10:35 サウンドバスケットのルールをさらに難しくして遊ぶ	○幼児7人と保育者で1回につき3つの音を出せるようにする。	◎サウンドバスケットのルールを少しだけ難しくする。 ☆鳴らす音を2つから3つに増やす。 ・「3つ鳴るともっと難しい！」 ・「早く走らないと！」　　　など	○ルールが増え、幼児が混乱するのを防ぐため、何回か幼児は動かずに音だけ聞いて名前を答えるようにする。 ○保育者もサウンドバスケットに参加する。
10:45 活動を振り返る		◎活動を振り返る。 ・楽しかったこと、難しかったところを出し合う。 ・「3つ鳴ったら難しかったけど楽しかった」 ◎道具（楽器）を片付ける。	○幼児が楽器の名前を言えていた、楽器の音を聞き分けられていたことを認めながら幼児の話を聞く。 ○保育者も幼児と片付けを行う。

反省（考察）ポイント

○幼児がしっかりと楽器の音を聞き分けられているか。

○幼児が楽器の名前と音を合わせて理解できているか。

○ゲームを楽しんでおり、音に触れ、楽しめていたか。

指導案例⑧　つくる活動　「おおかみと7ひきの子ヤギ」を演じる—対象5歳児—

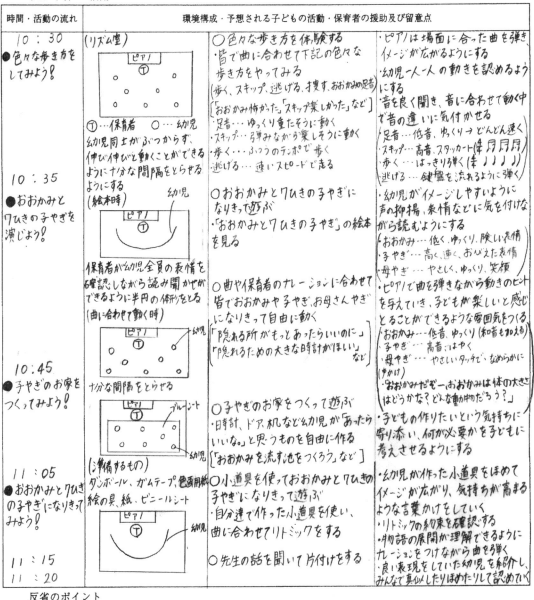

（5）歳児保育指導案 ばら　組 平成26年 1月21日（水） 男児 17名 女児 15名 計32名 保育者（実習生）	子どもの実態 ・自分なりに考えて判断したり批判する力が生まれ社会生活に必要な基本的な力を身につけている ・歌やリズムが好きで友達と一緒に歌ったり踊ったりすることを楽しむ姿が見られる ・20以下の対応、呼称、概括ができるようになった	ねらい ・音を良く聴いて物語の内容に合わせて皆と一緒に表現を工夫することを楽しむ ・曲に合わせて体を動かすことを楽しむ
		内容 おおかみと7ひきの子やぎを演じよう！

本日（時）の活動

時間・活動の流れ	環境構成・予想される子どもの活動・保育者の援助及び留意点
10：30 ●色々な歩き方をしてみよう！ （リズム室） ピアノ Ⓣ…保育者　〇…幼児 幼児同士がぶつからず、伸び伸びと動くことができるように十分な間隔をとらせるようにする 10：35 ●おおかみと7ひきの子やぎを演じよう！ （絵本時） ピアノ　幼児 保育者が幼児全員の表情を確認しながら読み聞かせができるように半円の体形をとる （曲に合わせて動く時） ピアノ　幼児 十分な間隔をとらせる 10：45 ●子やぎのお家をつくってみよう！ （準備するもの） ダンボール、ガムテープ、色画用紙、絵の具、紙、ビニールシート ピアノ　ブルーシート　幼児 11：05 ●おおかみと7ひきの子やぎになりきってみよう！ ピアノ　幼児 11：15 11：20	〇色々な歩き方を体験する ・皆で曲に合わせて下記の色々な歩き方をやってみる （歩く、スキップ、逃げる、捜す、おおかみの足音） 「おおかみ怖かった」「スキップ楽しかった」など ・足音…ゆっくり重たそうに動く ・スキップ…弾みながら楽しそうに動く ・歩く…ふつうのテンポで歩く ・逃げる…速いスピードで走る 〇おおかみと7ひきの子やぎになりきって遊ぶ ・「おおかみと7ひきの子やぎ」の絵本を見る 〇曲や保育者のナレーションに合わせて皆でおおかみや子やぎ、お母さんやぎになりきって自由に動く 「隠れる所がもっとあったらいいのに」 「隠れるための大きな時計がほしい」　など 〇子やぎのお家をつくって遊ぶ ・時計、ドア、机など幼児が「あったらいいな」と思うものを自由に作る 「おおかみを流す池をつくろう」など 〇小道具を使っておおかみと7ひきの子やぎになりきって遊ぶ ・自分達で作った小道具を使い、曲に合わせてリトミックをする 〇先生の話を聞いて片付けをする	・ピアノは場面に合った曲を弾きイメージが広がるようにする ・幼児一人一人の動きを認めるようにする ・音を良く聞き、音に合わせて動く中で音の違いに気付かせる ・足音…低音、ゆっくり→どんどん速く ・スキップ…高音、スタッカート（♩♪♩♪） ・歩く…はっきりと弾く（♩♩♩♩） ・逃げる…鍵盤を流れるように弾く ・幼児がイメージしやすいように声の抑揚、表情などに気を付けながら読むようにする ・おおかみ…低く、ゆっくり、険しい表情 ・子やぎ…高く、速く、おびえた表情 ・母やぎ…やさしく、ゆっくり、笑顔 ・ピアノで曲を弾きながら動きのヒントを与えていき、子どもが楽しいと感じとることができるような雰囲気をつくる ・おおかみ…低音、ゆっくり（和音も加える） ・子やぎ…高音で、はやく ・母やぎ…やさしいタッチで、なめらかに （かけ） ・「おおかみだぞー、おおかみは体の大きさはどうかな？どんな動物かな？」 ・子どもの作りたいという気持ちに寄り添い、何が必要かを子どもに考えさせるようにする ・幼児が作った小道具をほめてイメージが広がり、気持ちが高まるような言葉かけをしていく ・リトミックの約束を確認する ・物語の展開が理解できるようにナレーションをつけながら曲を弾く ・良い表現をしていた幼児を紹介し、みんなで真似したりほめたりして認めていく

反省のポイント
・
・
・

ワーク2

・ここに挙げられた指導案例を見て，参考になる部分や改善点について考えてみましょう。

ワーク3

・テキストに載っている活動の指導案を書いてみましょう。

📖 **参考文献**

石橋裕子・林幸範『幼稚園・保育所・児童福祉施設実習ガイド』同文書院，2012年
太田光洋『幼稚園・保育所・施設完全実習ガイド』ミネルヴァ書房，2012年
中里操・清水洋子『保育実習ガイドブック』ミネルヴァ書房，2017年

第 **10** 章

いろいろな音楽教育法について理解しよう！

　本章では，幼児の音楽教育に影響を与えた教育者が提唱した教育法について学習します。それらは，音や音楽を身体や心の動きと関連させる実践方法です。その実践によって，音楽性が豊かになり，心身の発達等へも影響があると考えられています。

　ここでは，世界の様々な音楽教育法について知り，音楽活動をより充実したものにしましょう。

1　ダルクローズ

2　オルフ

3　コダーイ

4　シュタイナー

5　モンテッソーリ

1 ダルクローズ

　エミール・ジャック＝ダルクローズ（Emile Jaques＝Dalcroze 1865-1950）は，20世紀初頭にリトミックという音楽教育法を考案したことで知られる音楽教育家です。リトミックとは，音楽と身体の動きを一致させるダルクローズ独自の教育システムです。彼は，音楽・身体・生活に共通する要素としてリズムに着目しました。リズムは音楽の最も重要な要素であり，その源泉は人間の身体の自然なリズムにある，そして身体と音楽のリズムを統一することによって，芸術的な自己表現が豊かになると主張します。

　リトミックには，リズム運動（身体運動），ソルフェージュ（聴覚訓練），即興演奏の3つの学習法がありますが，これらの活動を通してリズム感や音感だけでなく，注意力や集中力，積極性や意欲，判断力や創造性，協調性やコミュニケーション能力も育つと言われています。さらに，神経系や情緒にも作用すると考えられており，音楽療法や理学療法の分野でも精神や情緒に遅滞のある人に対して実践されています。

　幼児を対象としたリトミックでは，音楽のリズムに合わせて動くことや，友だちと一緒に動くことが楽しいと思えるように援助します。以下は，リトミックの身体運動の例です。

　【その場での動き】拍手・揺れる・回転・指揮・曲げる・揺れる・話す・歌う

　【移動をともなう動き】歩行・駆け足・這う・とぶ・すり足で進む・ギャロップ・スキップ

　5～6歳までに獲得すべき子どもの基礎的運動能力としては，「立つ」（片足立ち・つま先立ち・しゃがんだり立ったり），「歩く」（ゆっくり規則的な速さで・腕と足を協応させて・しゃがみ歩き），「走る」（腕と足を協応させて），「跳ぶ」（両足跳び・片足跳び），「スキップ」，「ギャロップ」がありますが，リトミックの身体運動と共通していることが分かります。

　リトミックではこれらの動きを組み合わせながら音楽の変化に合わせて身体全体で表現します。音楽の変化は次のような要素の組み合わせによって生み出されます。

　テンポ（遅い・速い等），音の長さ（様々な長さの音符），強弱，アクセント，シンコペーション，休止（休符），リズムパターン（♩♪♩・♩や♩♫♩・♩等）

　これらの音楽要素をピアノや簡単な打楽器等で演奏します。例えば，指導者は幼児向けの音楽をピアノで弾いて，その音楽にテンポや強弱などの変化をつける。それに対して，子どもたちはその変化に合わせて素早く身体で変化をつけて反応するといった活動です。子どもたちは，集中して耳をすますことにより内的聴取力（心の耳で聴く力）が養われます。

2　オルフ

　カール・オルフ（Carl Orff 1895-1982）は，ドイツの作曲家であり音楽教育家です。音楽教育家としては音楽・言葉・動きの一体化を目指した教育を推進し，ギュンター学校を設立（1924年）して舞踏家やその指導者を育成しました。また，子どもを対象としたラジオ放送を1948年からの5年間で計47回行い，その成果として5巻からなる「オルフ・シュールベルク　子どものための音楽」という教育用の作品を生み出すなど音楽教育の理論と実践に大きな影響を与えました。

　音楽教育家としての教育活動と作曲という彼の全音楽活動を通じて特徴的なのは，音楽・言葉・動きの一体化です。オルフは，ダルクローズ同様，子どもの教育にリズムを重視します。リズムに身体の動きを加え効果を得ようとする点でも同じです。オルフの場合は，さらに母国語（言葉）が加わり，「エレメンタール（基礎的）な」音楽・楽器・言葉・動きを一つにまとめることが重要だと主張します。つまり，誰でも参加できるシンプルな音楽，簡単な楽器（オルフの考案した打楽器を中心としたオルフ楽器など），子どもの言葉や方言・民謡のように自然な話し言葉，自分なりの明快な動きを大切にしました。

　オルフの教育方法はリズムを重視しながらリズムと動きを調和させるという点で，ダルクローズのリトミックと共通しています。しかし，身体表現としての動きよりも聴いた音楽に対して声や楽器など音楽で反応するという要素が強いと考えられます。ギュンター学校でも，リトミックを学ぼうとする学生に対して，動きや舞踊に即興で伴奏をつける活動を重視しました。1962年に来日し全国7ヵ所で講演をした際には，オルフは地元の子どもたちと一緒に日本のわらべうたを使って即興でアンサンブルを行っています。

　実践する場合，幼児教育においては舞踊などの身体の動きに合わせたり何らかの音楽モチーフを基にして即興演奏するのはむずかしいため，まず簡単な音や音楽を模倣することから始めましょう。模倣するためには，まず音を注意深く聴く必要があります。聴きとった音や音楽の音高やリズムを自分の声や楽器を使って再現します。例えば，簡単なリズムモチーフをつくって保育者のリズムに子どもが呼応し交互にリズムを打っていきます。手拍子の他，簡単な楽器を用いることもできます。また，生活の中の身近な言葉を用いて，そのアクセントと抑揚を生かしたメロディーのモチーフでも同様の模倣による遊びができます。「子どものための音楽」では，同じ音型を絶えず反復するオスティナートが数多く用いられています。保育者がメロディーを担当し，子どもたちに簡単な楽器でオスティナートを演奏させれば立派なアンサンブルができあがります。

3 コダーイ

　ゾルターン・コダーイ（Zoltan Kodaly 1882-1967）は，ハンガリーの作曲家，音楽民族学者，そして音楽教育学者です。教育用作品として作曲した多くの歌唱教材はハンガリーの民俗音楽を素材にして作ったものであり「コダーイ・システム（メソッド）」として知られる独自の教育方法に基づいて用いられます。これは，視唱・聴音・読譜・作曲といったソルフェージュの訓練をする子どものための音楽教育法で，その歌唱方法は，移動ド唱法に基づく集団での歌唱，つまり合唱という形態をとっています。

　コダーイ・システムの目的は，歌うことを基本としながら，ハンガリーの民俗音楽を用いて音楽の視聴力を伸ばし，音楽の読み書きができるようになること，そして自分たちの民族的アイデンティティを自覚することと言えます。生活のなかで昔から歌い継がれてきたわらべうたは日本にも存在します。ハンガリーと同じ5音音階，あるいはそれより少ない音からできており，日本の場合もコダーイにならってわらべうたを用いる指導法が行われています。コダーイ・システムでは，子どもの発達段階が重視され系統的な指導がなされています。日本でわらべうたの指導をする際にも，子どもの年齢に応じた声域，技能，テンポ，リズムなどに配慮して曲目を選んだり音域を調整する必要があります。

　コダーイ・システムの学習法は，次の3つに分類されます。① トニック・ソルファ法（移動ド唱法による歌唱法），② ハンド・サイン（手を使ったジェスチャーによって視覚的に階名を表す方法），③ リズムの音価を表すシラブル（リズムを言葉に置き換えパターン化する口唱歌と同様のもの：例えば「♩♩♩」を「タン・タン・タン」，「♩♫♩」を「タン・タタ・タン」，また短い単語に置き換えてリズムを認識しやすくする方法：例えば「♪♩♪♩」を「ヒコーキブン」など）。

　以上のように，コダーイは自国のわらべうたや民謡をもとにした音楽を教材とし，歌うことを基本にしながらソルフェージュ教育に力を注ぎました。その目的は，音楽的素養を育てるとともに民族的なアイデンティティの確立を促すものでした。私たちの生きる現代というグローバルな時代には，コダーイの生きた時代以上に，民族的なアイデンティティを大切にし世界中の文化の多様性を確保していくことの重要性が増しています。子どもたちにも自国の文化に親しみそれを基礎としながら，多様な文化に接して理解する態度を身につけて欲しいと思います。

4 シュタイナー

　ルドルフ・シュタイナー（Rudolf Steiner 1861-1925）はドイツの哲学者で，人智学（アントロポゾフィー：anthroposophie）という精神運動やオイリュトミー（eurythmy）と呼ばれる舞踏表現法

を提唱しました。人智学は，人間の内にある認識能力をよびさまし精神世界の本質に至ろうとする精神運動のことで，それによって心身ともに健全になることが目指されています。オイリュトミーとは，音楽や言葉のリズムに合わせて身体表現をする教育法のことで，「調和したリズム」を意味するeurhythmiaというギリシャ語に由来しています。

　シュタイナー学校は，初等教育（小学校）と中等教育（中学校と高等学校）を合わせた12年の一貫教育で，教科書も試験もなく，数週間にわたって同じ教科を学ぶ「エポック授業」やオイリュトミー科目，そして早期の外国語学習といった特徴があります。幼児教育では，幼児期が土台となる身体をつくることを優先すべき時期であるとされ，感情を刺激したり知的な学習に力を入れたりすべきでないと考えられています。また，教えられたり指示されるのではなく，周囲の人の模倣を通して自ら能動的に学びとる活動が重視されています。したがって，幼児期には大人は言葉による説明ではなく実際にやってみせることが必要であり，さらにすべてを喜んで楽しみながら行動する姿を見せるよう心がけることが大切になると考えられています。

　オイリュトミーは，音楽や言葉のリズムを身体表現によって視覚化する活動です。例えば，言葉の母音や子音をオイリュトミーによって表すことができます。「あ」は両腕を開く動き，「い」は片方の腕を高く，もう片方の腕を低く伸ばす動き，「お」は両腕で抱きかかえる動きで表されるなど，決まった動きがあります。音楽の場合も同様に，リズム，メロディー，ハーモニーをはじめ，音階，音程，調性，等の諸要素についても特定の意味や身ぶりが与えられています。

　オイリュトミーは，シュタイナー学校で全学年の必修科目であり他教科を支える役割を担っています。その効果は，協調性や集中力を養い，心身のバランスを整えて活力と調和を与えることだと言われています。

5　モンテッソーリ

　マリア・モンテッソーリ（Maria Montessori 1870-1952）は，イタリアの医学者であり教育者です。モンテッソーリ教育では，教育の主体は子どもであるという考え方を前提に子どもの発達を援助するための環境を整えることと子どもが自らを教育する自己教育力を育てることが重視されています。したがって，上から教えこむ教師主導型ではなく，子どもが自ら力を発揮して自由に選択し動作を行えるように方向付けを行う役割が教師には求められています。また，モンテッソーリ教育では「動き」を伴う活動を促しますが，その活動は日常生活・感覚・言語・算数・文化の5つの領域に分類されます。

　日常生活の領域はモンテッソーリ教育の基本であり，日常生活の様々な動作から生活の手段を身につけ，感覚器官や心身の発達を促します。この領域で用いられるものは「用具」と呼ば

れ，他の4領域では「教具」と呼ばれています。感覚領域は，モンテッソーリによってすべての教育の基礎と位置付けられ，知的分野である言語・算数・文化の3領域の活動の前提になると見なされます。音楽に関係する聴覚に関する教具には，雑音の出る「雑音筒」と楽音を出す「音感ベル」があります。ともに，2つの種類を比較し，それぞれ対になる性質を区別したり，段階的な性質の違いを認識する作業を行います。例えば，「雑音筒」では強い音と弱い音を，「音感ベル」では高い音と低い音を区別したり，強弱や高低の段階付けをします。3歳未満児向けとして，生後2，3ヵ月からの乳児にはガラガラ，生後6ヵ月からでは鈴の入った転がる円柱，1歳2ヵ月以降ではオーバルシロフォンなどが，モンテッソーリの教具と同様の効果のあるものとして挙げられます。

　モンテッソーリは自らの教育を「知性の教育」と述べているように，幼児教育にも知的内容を盛り込んだ活動が示され，吸収力の旺盛な幼児期に多くの知的な種をまいておき，あとはそれぞれの子どものペースで育てていくことが意図されています。また，モンテッソーリ教育は教えない自由な教育と考えられていますが，保育者は幼児の自由な活動を促すために各領域の用具や教具の使い方を，幼児に対して最初に提示して示すことが必要とされています。

📖 参考文献

井口太編『新・幼児の音楽教育』朝日出版社，2014年
ヴェンシュ，ヴォルフガング，森章吾訳『シュタイナー学校授業 音楽による人間形成』風濤社，2007年
コダーイ芸術教育研究所『わらべうた 私たちの音楽――保育園・幼稚園の実践――』明治図書出版，2008年
シュタイナー，ルドルフ，松山由紀訳『見える歌としてのオイリュトミー』涼風書林，2009年
チョクシー他，板野和彦訳『音楽教育メソードの比較 コダーイ，ダルクローズ，オルフ，C・M』全音楽譜出版社，1994年
藤原元一・藤原桂子・藤原江理子『やさしい解説 モンテッソーリ教育』学苑社，2007年
松浦公紀『0歳〜3歳のちから モンテッソーリ教育が見守る乳幼児の育ちと大人の心得』学習研究社，2005年
松浦公紀『モンテッソーリ教育が見守る子どもの学び』学習研究社，2004年
ミード，ヴァージニア・ホッジ，神原雅之他訳『ダルクローズ・アプローチによる子どものための音楽授業』ふくろう出版，2006年
宮﨑幸次『新装版 カール・オルフの音楽教育 楽しみはアンサンブルから』スタイルノート，2013年
ハーヘ，フェリチタス，泉本信子他訳『シュタイナー学校の音楽の授業 音の体験から音符・楽譜へ』音楽之友社，2002年

〈資料〉カデンツ一覧表

ハ長調

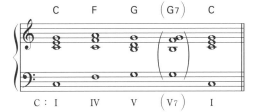

ハ短調

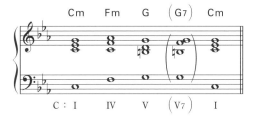

ト長調

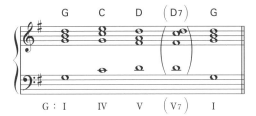

ヘ長調

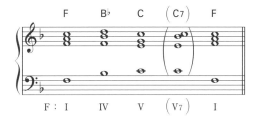

二長調

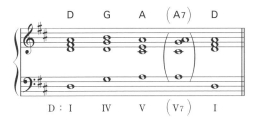

変ロ長調

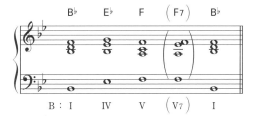

イ長調

変ホ長調

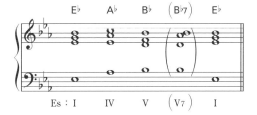

ホ長調

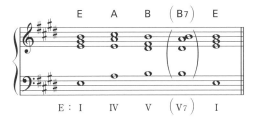

変イ長調

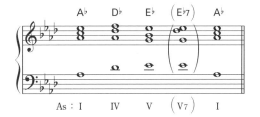

幼稚園教育要領 (抜粋)
(平成29年3月文部科学省)

第2章　ねらい及び内容

表　現

> 感じたことや考えたことを自分なりに表現することを通して，豊かな感性や表現する力を養い，創造性を豊かにする。

1　ねらい
(1)　いろいろなものの美しさなどに対する豊かな感性をもつ。
(2)　感じたことや考えたことを自分なりに表現して楽しむ。
(3)　生活の中でイメージを豊かにし，様々な表現を楽しむ。

2　内容
(1)　生活の中で様々な音，形，色，手触り，動きなどに気付いたり，感じたりするなどして楽しむ。
(2)　生活の中で美しいものや心を動かす出来事に触れ，イメージを豊かにする。
(3)　様々な出来事の中で，感動したことを伝え合う楽しさを味わう。
(4)　感じたこと，考えたことなどを音や動きなどで表現したり，自由にかいたり，つくったりなどする。
(5)　いろいろな素材に親しみ，工夫して遊ぶ。
(6)　音楽に親しみ，歌を歌ったり，簡単なリズム楽器を使ったりなどする楽しさを味わう。
(7)　かいたり，つくったりすることを楽しみ，遊びに使ったり，飾ったりなどする。
(8)　自分のイメージを動きや言葉などで表現したり，演じて遊んだりするなどの楽しさを味わう。

3　内容の取扱い
　　上記の取扱いに当たっては，次の事項に留意する必要がある。
(1)　豊かな感性は，身近な環境と十分に関わる中で美しいもの，優れたもの，心を動かす出来事などに出会い，そこから得た感動を他の幼児や教師と共有し，様々に表現することなどを通して養われるようにすること。その際，風の音や雨の音，身近にある草や花の形や色など自然の中にある音，形，色などに気付くようにすること。
(2)　幼児の自己表現は素朴な形で行われることが多いので，教師はそのような表現を受容し，幼児自身の表現しようとする意欲を受け止めて，幼児が生活の中で幼児らしい様々な表現を楽しむことができるようにすること。
(3)　生活経験や発達に応じ，自ら様々な表現を楽しみ，表現する意欲を十分に発揮させることができるように，遊具や用具などを整えたり，様々な素材や表現の仕方に親しんだり，他の幼児の表現に触れられるよう配慮したりし，表現する過程を大切にして自己表現を楽しめるように工夫すること。

保育所保育指針 (抜粋)
(平成29年3月厚生労働省)

第2章　保育の内容

1　乳児保育に関わるねらい及び内容
(2)　ねらい及び内容
ウ　身近なものと関わり感性が育つ　身近な環境に興味や好奇心をもって関わり，感じたことや考えたことを表現する力の基盤を培う。
　(ア)　ねらい
　　①　身の回りのものに親しみ，様々なものに興味や関心をもつ。
　　②　見る，触れる，探索するなど，身近な環境に自分から関わろうとする。
　　③　身体の諸感覚による認識が豊かになり，表情や手足，体の動き等で表現する。
　(イ)　内容
　　①　身近な生活用具，玩具や絵本などが用意された中で，身の回りのものに対する興味や好奇心をもつ。
　　②　生活や遊びの中で様々なものに触れ，音，形，色，手触りなどに気付き，感覚の働きを豊かにする。
　　③　保育士等と一緒に様々な色彩や形のものや絵本などを見る。
　　④　玩具や身の回りのものを，つまむ，つかむ，たたく，引っ張るなど，手や指を使って遊ぶ。
　　⑤　保育士等のあやし遊びに機嫌よく応じたり，歌やリズムに合わせて手足や体を動かして楽しんだりする。
　(ウ)　内容の取扱い
　　上記の取扱いに当たっては，次の事項に留意する必要がある。
　　①　玩具などは，音質，形，色，大きさなど子どもの発達状態に応じて適切なものを選び，その時々の子どもの興味や関心を踏まえるなど，遊びを通して感覚の発達が促されるものとなるように工夫すること。なお，安全な環境の下で，子どもが探索意欲を満たして自由に遊べるよう，身の回りのものについては，常に十分な点検を行うこと。
　　②　乳児期においては，表情，発声，体の動きなどで，感情を表現することが多いことから，これらの表現しようとする意欲を積極的に受け止めて，子どもが様々な活動を楽しむことを通して表現が豊かになるようにすること。

2　1歳以上3歳未満児の保育に関わるねらい及び内容
オ　表現

> 感じたことや考えたことを自分なりに表現することを通して，豊かな感性や表現する力を養い，創造性を豊かにする。

　(ア)　ねらい
　　①　身体の諸感覚の経験を豊かにし，様々な感覚を味わう。
　　②　感じたことや考えたことなどを自分なりに表現しようとする。

③　生活や遊びの様々な体験を通して，イメージや感性が豊かになる。
(イ)　内容
①　水，砂，土，紙，粘土など様々な素材に触れて楽しむ。
②　音楽，リズムやそれに合わせた体の動きを楽しむ。
③　生活の中で様々な音，形，色，手触り，動き，味，香りなどに気付いたり，感じたりして楽しむ。
④　歌を歌ったり，簡単な手遊びや全身を使う遊びを楽しんだりする。
⑤　保育士等からの話や，生活や遊びの中での出来事を通して，イメージを豊かにする。
⑥　生活や遊びの中で，興味のあることや経験したことなどを自分なりに表現する。
(ウ)　内容の取扱い
上記の取扱いに当たっては，次の事項に留意する必要がある。
①　子どもの表現は，遊びや生活の様々な場面で表出されているものであることから，それらを積極的に受け止め，様々な表現の仕方や感性を豊かにする経験となるようにすること。
②　子どもが試行錯誤しながら様々な表現を楽しむことや，自分の力でやり遂げる充実感などに気付くよう，温かく見守るとともに，適切に援助を行うようにすること。
③　様々な感情の表現等を通じて，子どもが自分の感情や気持ちに気付くようになる時期であることに鑑み，受容的な関わりの中で自信をもって表現をすることや，諦めずに続けた後の達成感等を感じられるような経験が蓄積されるようにすること。
④　身近な自然や身の回りの事物に関わる中で，発見や心が動く経験が得られるよう，諸感覚を働かせることを楽しむ遊びや素材を用意するなど保育の環境を整えること。

3　3歳以上児の保育に関わるねらい及び内容
オ　表現
感じたことや考えたことを自分なりに表現することを通して，豊かな感性や表現する力を養い，創造性を豊かにする。
(ア)　ねらい
①　いろいろなものの美しさなどに対する豊かな感性

をもつ。
②　感じたことや考えたことを自分なりに表現して楽しむ。
③　生活の中でイメージを豊かにし，様々な表現を楽しむ。
(イ)　内容
①　生活の中で様々な音，形，色，手触り，動きなどに気付いたり，感じたりするなどして楽しむ。
②　生活の中で美しいものや心を動かす出来事に触れ，イメージを豊かにする。
③　様々な出来事の中で，感動したことを伝え合う楽しさを味わう。
④　感じたこと，考えたことなどを音や動きなどで表現したり，自由にかいたり，つくったりなどする。
⑤　いろいろな素材に親しみ，工夫して遊ぶ。
⑥　音楽に親しみ，歌を歌ったり，簡単なリズム楽器を使ったりなどする楽しさを味わう。
⑦　かいたり，つくったりすることを楽しみ，遊びに使ったり，飾ったりなどする。
⑧　自分のイメージを動きや言葉などで表現したり，演じて遊んだりするなどの楽しさを味わう。
(ウ)　内容の取扱い
上記の取扱いに当たっては，次の事項に留意する必要がある。
①　豊かな感性は，身近な環境と十分に関わる中で美しいもの，優れたもの，心を動かす出来事などに出会い，そこから得た感動を他の子どもや保育士等と共有し，様々に表現することなどを通して養われるようにすること。その際，風の音や雨の音，身近にある草や花の形や色など自然の中にある音，形，色などに気付くようにすること。
②　子どもの自己表現は素朴な形で行われることが多いので，保育士等はそのような表現を受容し，子ども自身の表現しようとする意欲を受け止めて，子どもが生活の中で子どもらしい様々な表現を楽しむことができるようにすること。
③　生活経験や発達に応じ，自ら様々な表現を楽しみ，表現する意欲を十分に発揮させることができるように，遊具や用具などを整えたり，様々な素材や表現の仕方に親しんだり，他の子どもの表現に触れられるよう配慮したりし，表現する過程を大切にして自己表現を楽しめるように工夫すること。

第2章　ねらい及び内容並びに配慮事項

第1　乳児期の園児の保育に関するねらい及び内容
ねらい及び内容
身近なものと関わり感性が育つ
〔身近な環境に興味や好奇心をもって関わり，感じたことや考えたことを表現する力の基盤を培う。〕

1　ねらい
(1)　身の回りのものに親しみ，様々なものに興味や関心をもつ。
(2)　見る，触れる，探索するなど，身近な環境に自分から関わろうとする。
(3)　身体の諸感覚による認識が豊かになり，表情や手足，体の動き等で表現する。

2　内容
(1)　身近な生活用具，玩具や絵本などが用意された中で，身の回りのものに対する興味や好奇心をもつ。
(2)　生活や遊びの中で様々なものに触れ，音，形，色，手触りなどに気付き，感覚の働きを豊かにする。
(3)　保育教諭等と一緒に様々な色彩や形のものや絵本などを見る。
(4)　玩具や身の回りのものを，つまむ，つかむ，たたく，引っ張るなど，手や指を使って遊ぶ。
(5)　保育教諭等のあやし遊びに機嫌よく応じたり，歌やリズムに合わせて手足や体を動かして楽しんだりする。

3　内容の取扱い
上記の取扱いに当たっては，次の事項に留意する必要がある。
(1)　玩具などは，音質，形，色，大きさなど園児の発達状態に応じて適切なものを選び，その時々の園児の興味や関心を踏まえるなど，遊びを通して感覚の発達が促されるものとなるように工夫すること。なお，安全な環境の下で，園児が探索意欲を満たして自由に遊べるよう，身の回りのものについては常に十分な点検を行うこと。
(2)　乳児期においては，表情，発声，体の動きなどで，感情を表現することが多いことから，これらの表現しようとする意欲を積極的に受け止めて，園児が様々な活動を楽しむことを通して表現が豊かになるようにすること。

第2　満1歳以上満3歳未満の園児の保育に関する
表現
〔感じたことや考えたことを自分なりに表現することを通して，豊かな感性や表現する力を養い，創造性を豊かにする。〕

1　ねらい
(1)　身体の諸感覚の経験を豊かにし，様々な感覚を味わう。
(2)　感じたことや考えたことなどを自分なりに表現しようとする。
(3)　生活や遊びの様々な体験を通して，イメージや感性が豊かになる。

2　内容
(1)　水，砂，土，紙，粘土など様々な素材に触れて楽しむ。
(2)　音楽，リズムやそれに合わせた体の動きを楽しむ。
(3)　生活の中で様々な音，形，色，手触り，動き，香りなどに気付いたり，感じたりして楽しむ。
(4)　歌を歌ったり，簡単な手遊びや全身を使う遊びを楽しんだりする。
(5)　保育教諭等からの話や，生活や遊びの中での出来事を通して，イメージを豊かにする。
(6)　生活や遊びの中で，興味のあることや経験したことなどを自分なりに表現する。

3　内容の取扱い
上記の取扱いに当たっては，次の事項に留意する必要がある。
(1)　園児の表現は，遊びや生活の様々な場面で表出されているものであることから，それらを積極的に受け止め，様々な表現の仕方や感性を豊かにする経験となるようにすること。
(2)　園児が試行錯誤しながら様々な表現を楽しむことや，自分の力でやり遂げる充実感などに気付くよう，温かく見守るとともに，適切に援助を行うようにすること。
(3)　様々な感情の表現等を通じて，園児が自分の感情や気持ちに気付くようになる時期であることに鑑み，受容的な関わりの中で自信をもって表現をすることや，諦めずに続けた後の達成感等を感じられるような経験が蓄積されるようにすること。
(4)　身近な自然や身の回りの事物に関わる中で，発見や心が動く経験が得られるよう，諸感覚を働かせることを楽しむ遊びや素材を用意するなど保育の環境を整えること。

第3　満3歳以上の園児の教育及び保育に関するねらい及び内容
表現
〔感じたことや考えたことを自分なりに表現することを通して，豊かな感性や表現する力を養い，創造性を豊かにする。〕

1　ねらい
(1)　いろいろなものの美しさなどに対する豊かな感性をもつ。
(2)　感じたことや考えたことを自分なりに表現して楽しむ。
(3)　生活の中でイメージを豊かにし，様々な表現を楽しむ。

2　内容
(1)　生活の中で様々な音，形，色，手触り，動きなどに気付いたり，感じたりするなどして楽しむ。
(2)　生活の中で美しいものや心を動かす出来事に触れ，イメージを豊かにする。
(3)　様々な出来事の中で，感動したことを伝え合う楽しさを味わう。
(4)　感じたこと，考えたことなどを音や動きなどで表現したり，自由にかいたり，つくったりなどする。

(5)　いろいろな素材に親しみ，工夫して遊ぶ。

(6)　音楽に親しみ，歌を歌ったり，簡単なリズム楽器を使ったりなどする楽しさを味わう。

(7)　かいたり，つくったりすることを楽しみ，遊びに使ったり，飾ったりなどする。

(8)　自分のイメージを動きや言葉などで表現したり，演じて遊んだりするなどの楽しさを味わう。

3　内容の取扱い

上記の取扱いに当たっては，次の事項に留意する必要がある。

(1)　豊かな感性は，身近な環境と十分に関わる中で美しいもの，優れたもの，心を動かす出来事などに出会い，そこから得た感動を他の園児や保育教諭等と共有し，様々に表現することなどを通して養われるようにすること。その際，風の音や雨の音，身近にある草や花の形や色など自然の中にある音，形，色などに気付くようにすること。

(2)　幼児期の自己表現は素朴な形で行われることが多いので，保育教諭等はそのような表現を受容し，園児自身の表現しようとする意欲を受け止めて，園児が生活の中で園児らしい様々な表現を楽しむことができるようにすること。

(3)　生活経験や発達に応じ，自ら様々な表現を楽しみ，表現する意欲を十分に発揮させることができるように，遊具や用具などを整えたり，様々な素材や表現の仕方に親しんだり，他の園児の表現に触れられるよう配慮したりし，表現する過程を大切にして自己表現を楽しめるように工夫すること。

 楽譜一覧

執筆者（執筆順）

＊櫻井　琴音　西九州大学（第1章, 第5章, 第7章）

＊上谷　裕子　鹿児島国際大学（第2章, 第3章, 第8章, 第9章）

　早川　純子　南九州大学（第4章, 第10章）

　大津山姿子　熊本学園大学（第6章）

（＊は編者）

アクティブラーニングを取り入れた
子どもの発達と音楽表現——幼稚園教諭・保育士養成課程〈第二版〉

2015年10月5日　第一版第一刷発行
2020年9月30日　第二版第一刷発行
2024年1月30日　第二版第三刷発行

編著者　櫻　井　琴　音
　　　　上　谷　裕　子
発行者　田　中　千津子
発行所　株式会社 学　文　社

〒153-0064　東京都目黒区下目黒3-6-1
電話 03（3715）1501　振替 00130-9-98842
https://www.gakubunsha.com

印刷／倉敷印刷株式会社
（検印省略）